Joseph Bernardin
Das Geschenk inneren Friedens

Joseph Bernardin

Das Geschenk inneren Friedens

Reflexionen aus der Zeit des Loslassens

VERLAG NEUE STADT
MÜNCHEN · ZÜRICH · WIEN

Aus der Reihe:
Zeugen unserer Zeit

Titel der Originalausgabe: The gift of peace
© 1997 Catholic Bishop of Chicago, a Corporation Sole
Die Originalausgabe ist erschienen bei
Loyola Press, Chicago, Illinois.
Übersetzung aus dem Amerikanischen: Maria Kuschel
Mit einem Vorwort von Carlo Maria Martini
(mit freundlicher Genehmigung der
Editrice Queriniana, Brescia)

Die Deutsche Bibliothek – CIP-Einheitsaufnahme

Ein Titeldatensatz für diese Publikation ist bei
Der Deutschen Bibliothek erhältlich.

1. Auflage der Neuausgabe, 2001
(bisheriger Titel: Das Geschenk des Friedens)
© Alle Rechte der deutschsprachigen Ausgabe
bei Verlag Neue Stadt, München
Umschlagfoto: Bilderdienst Süddeutscher Verlag, München
Umschlaggestaltung und Satz: Neue-Stadt-Graphik
Druck: Freiburger Graphische Betriebe, Freiburg i. Br.
ISBN 3-87996-540-4

Vorwort

von Kardinal Carlo Maria Martini

Zum Weihnachtsfest 1996 bekam ich eine Karte von Kardinal Joseph Bernardin. Er war einige Tage vorher gestorben, aber er hatte – offenbar im Wissen, daß er bald sterben würde – vorgesorgt und seinen Freunden rechtzeitig seinen gewohnten Weihnachtsgruß geschickt. Es war ein Zeichen seiner Treue in der Freundschaft und des tiefen Friedens, den er auch im Angesicht des Todes bewahrt hat. Dieser Frieden scheint aus jeder Seite dieses Buches durch, das er treffend *The gift of peace*, „Das Geschenk des Friedens", genannt hat.

Ich kannte Kardinal Bernardin seit vielen Jahren. Gewöhnlich trafen wir uns während der Bischofssynoden, und mehrere Jahre waren wir beide Mitglieder des Sekretariats der Synode, das sich einige Male im Jahr zu regelmäßigen Sitzungen versammelte. Auch bei einigen Plenarsitzungen der römischen Dikasterien und auf Einkehrtagen in den Vereinigten Staaten, bei denen ich die Predigten hielt, haben wir uns gesehen.

Von Anfang an bewunderte ich das ausgeprägte Verantwortungsbewußtsein, das Kardinal Bernardin in seinem bischöflichen Dienst auszeichnete, die Offenheit seines Geistes, die Weite seines Herzens und vor allem seine Loyalität und seine Ehrlichkeit. Er war ein Mann, der zu seinem Wort stand. Er hatte ein tiefes Gespür für die Probleme der Kirche und ging sie beherzt an, ohne

Ausflüchte und ohne falsche Scheu. Beeindruckend war ferner – so sehr er fähig war, sich auch komplexen Problemen zu stellen – seine Einfachheit. Irgendwelche Hintergedanken waren ihm völlig fremd. Was er dachte, das sagte er klar und deutlich, und er vertrat es energisch.

Dieses Buch beschreibt die letzten drei Jahre seines Lebens, die Augenblicke seiner „Passion": zunächst das Leiden unter einer falschen, infamen Anschuldigung wegen angeblichen sexuellen Mißbrauchs, dann die Krankheit, die schließlich zu seinem Tod führte. Wenn man das Buch liest, kommt einem das Wort Jesu an Petrus in den Sinn: „Wenn du alt geworden bist, wirst du deine Hände ausstrecken, und ein anderer wird dich gürten und dich führen, wohin du nicht willst" (Joh 21,18). Doch gerade in den dramatischen Momenten zeigte sich die große spirituelle Kraft, die Joseph Bernardin beseelte, anders und genauer gesagt: Hier wird deutlich, auf welch außergewöhnliche Weise der Heilige Geist ihn geläutert und geformt hat.

Wir stehen vor einem der beeindruckendsten Zeugnisse unserer Zeit: Da wird jemand mit einem massiven Angriff auf seinen guten Ruf und dann mit einer tödlichen Krankheit konfrontiert, und er stellt sich beidem mit Würde, in tiefem Glauben und in aller Einfachheit. Er unterläßt es nicht, die menschenmöglichen Mittel zur legitimen Verteidigung einzusetzen, doch am Ende gibt er sich voller Frieden in Gottes Hände; er findet die Kraft, seinem Ankläger zu verzeihen und viele andere zu trösten und zu stärken. In ganz schlichten Worten, ohne jeden Schatten von Rhetorik behandelt das Buch bewegende Themen. Jedes Wort trägt das Siegel der Aufrichtigkeit und Wahrheit. Mir hat es Freude bereitet, die innere Tiefe eines Menschen, eines Bischofs zu ergründen, den ich immer sehr geschätzt und bewundert habe. Joseph Bernardin ist ein Geschenk für die Kirche und für die Menschheit.

Kardinal Carlo Maria Martini

Inhalt

Nov. 1, 1996

My dear friends,

    It is the feast of All
Saints and I am home
because the Pastoral Center of the
Archdiocese is closed. The
weather is much colder than
it was several days ago, but
it is still good for walking.
Normally, I would be doing
just that.

    But today I will not
do any walking. The reason is
that a pervasive fatigue — one
that is characteristic of pancreatic
cancer — has overtaken me.

11

Besides, I am still experiencing discomfort in my lower back and legs because of the spinal stenosis that was diagnosed about a year ago.

So, as I sit at my desk, I thought I would do something else. I have decided to write this very personal letter explaining why I have written this little book, _The Gift of Peace_. It is not an autobiography but simply a reflection on my life and ministry during the past three years, years that have been as joyful as they have been difficult. My reflections begin with the allegation of sexual misconduct brought against me November 1993 and continue to the present as I prepare for the last stage of my life which began in June 1995 with the diagnosis of an aggressive form of cancer.

To paraphrase Charles Dickens in A Tale of Two Cities, "it has been the best of times, it has been the worst of times." The worst because of the humiliation, physical pain, anxiety and fear. The best because of the reconciliation, love, pastoral sensitivity and peace that have resulted from God's grace and the support and prayers of so many people. While not denying the former, this reflection focuses on the latter, showing how, if we let him, God can write straight with crooked lines. To put it another way, this reflection is

13

intended to help others understand how the good and the bad are always present in our human condition and, that if we "let go," if we place ourselves totally in the hands of the Lord, the good will prevail.

On a very personal note, I invite those who read this book to walk with me the final miles of my life's journey. When we reach the gate, I will have to go in first — that seems to be the rule: one at a time by designation. But know that I will carry each of you in my heart! Ultimately, we will all be together, intimately united with the Lord Jesus whom we love so much.

Peace and love,
Joseph Card. Bernardin

Meine lieben Freunde,

heute ist Allerheiligen. Ich bin zu Hause, weil das Seelsorgezentrum der Erzdiözese geschlossen ist. In diesen Tagen ist es kälter geworden, aber man kann immer noch gut spazierengehen. Normalerweise würde ich das jetzt tun. Doch heute werde ich keinen Spaziergang machen, und zwar aus dem Grund, daß mich – wie oft bei Krebskranken – eine tiefe Müdigkeit befallen hat. Außerdem machen mir aufgrund der Spinalkanalstenose, die vor einem Jahr diagnostiziert wurde, der Rücken und die Beine zu schaffen. So sitze ich hier an meinem Schreibtisch, und dabei ist mir die Idee gekommen, etwas anderes zu tun: Ich habe mir überlegt, diesen sehr persönlichen Brief zu verfassen, um zu erläutern, warum ich das Buch The gift of peace [deutscher Titel: „Loslassen schenkt Frieden"] geschrieben habe. Es ist keine Autobiographie, sondern einfach eine Reflexion über mein Leben und meinen Dienst in den letzten drei Jahren, die ebenso beglückend wie schwierig gewesen sind.

Meine Reflexionen beginnen mit der Beschuldigung sexuellen Mißbrauchs, die man im November 1993 gegen mich erhob, und sie reichen bis heute, da ich mich auf die letzte Phase meines Lebens vorbereite, die im Juni 1995 mit der Diagnose einer aggressiven Krebserkrankung begann. Um Charles Dickens aus seinem Werk A tale of two cities zu zitieren: „Es waren die besten Zeiten, und zugleich waren es die schlimmsten Zeiten."

Die schlimmsten aufgrund der Demütigungen, der körperlichen Schmerzen, der Angst und Furcht; die besten wegen der Versöhnung, der Liebe, der seelsorglichen Sensibilität und des Friedens, den Gottes Gnade mir geschenkt hat, und auch wegen der Unterstützung und der Gebete vieler Menschen. Ohne den ersten Gesichtspunkt zu leugnen, lege ich hier das Augenmerk vor allem auf den zweiten, um zu zeigen, daß Gott – wenn wir ihn nur lassen – auch auf krummen Zeilen gerade zu schreiben vermag. Anders gesagt: Diese Reflexion soll anderen helfen zu verstehen, daß es in unserem menschlichen Leben immer Gutes und Schlechtes gibt, daß aber, wenn wir „loslassen", wenn wir uns selbst ganz in Gottes Hände geben, das Gute überwiegen wird.

Eine ganz persönliche Anmerkung: Ich möchte diejenigen, die dieses Buch lesen, einladen, das letzte Stück meines Lebensweges mit mir zu gehen. Wenn wir am Tor ankommen, muß ich zuerst eintreten; offenbar ist das die Regel: einer nach dem anderen, so wie es bestimmt ist. Aber Ihr sollt wissen, daß ich jeden von Euch im Herzen mitnehme! Einmal werden wir alle zusammen sein, innigst vereint mit Jesus, unserem Herrn, den wir so sehr lieben.

Friede und Liebe,
Joseph Kardinal Bernardin

Ein Wort des Dankes

Dieses Buch umfaßt die letzten drei Jahre meines Lebens. Viele Menschen haben in dieser schwierigen Zeit eine wichtige Rolle in meinem Leben gespielt – Familienangehörige, Freunde, Mitarbeiter und Kollegen, Anwälte und Ärzte, Priester und andere krebskranke Patienten. Es ist unmöglich, allen namentlich zu danken. Aber ich bin allen dankbar für all das Gute und die Freundlichkeit, die sie mir entgegengebracht haben.

In Bezug auf dieses Buch möchte ich vor allem meinem langjährigen Freund, Dr. Eugene Kennedy, danken. Er hat mir geholfen, dieses Projekt Anfang September in Angriff zu nehmen, und war so großzügig und gütig, den Entwurf meiner Einleitung und der ersten zwei Kapitel durchzusehen.

Danken möchte ich auch Pater Al Spilly CPPS, der in den letzten zwölfeinhalb Jahren mein Assistent gewesen ist, und Herrn Jeremy Langford, dem Verlagsmanager der Loyola Press. Sie haben mir geholfen, dieses besondere Buch zum Abschluß zu bringen. Ein Wort des Dankes für ihre Unterstützung auch an Frau Marie Feller Knoll, die in meinem Mitarbeiterstab für die Öffentlichkeitsarbeit zuständig war.

Nicht zuletzt gilt mein Dank meinem langjährigen Freund Msgr. Kenneth Velo, ohne dessen tagtägliche verständnisvolle Hilfe ich dieses Buch und viele andere Projekte, vor allem in den letzten drei Jahren, nicht hätte beenden können.

Einleitung
Loslassen

Mein geistlicher Weg war von Anfang an von dem Bemühen geprägt, Gott näherzukommen. Jetzt, da ich mich darauf vorbereite, von dieser Welt in die andere zu gehen, kann ich nicht anders, als über mein Leben nachzudenken und mir die Themen zu vergegenwärtigen, die mir – gewissermaßen wie alte Freunde – in all den Jahren wichtig gewesen sind. Ein Thema steht mehr als alle anderen im Vordergrund, und jetzt bekommt es für mich eine neue Bedeutung: das Thema „Loslassen".

Unter Loslassen verstehe ich die Fähigkeit, sich nicht an Dinge zu klammern, die einen daran hindern, eine innige Beziehung zu Jesus Christus zu entwickeln.

Loslassen ist nie leicht. Es ist ein lebenslanger Prozeß. Aber Loslassen wird möglich, wenn wir verstehen, wie wichtig es ist, unser Herz zu öffnen und – vor allem – ein tiefes Gebetsleben zu entwickeln. Ich habe ein ganzes Leben gebraucht, diese Wahrheiten zu erlernen. Zunächst möchte ich Sie ein wenig an einigen persönlichen Erfahrungen teilhaben lassen, nicht zuletzt an einer Begebenheit, die für mein ganzes Leben zu einem Schlüsselerlebnis geworden ist.

Mit nur 17 Jahren trat ich ins Seminar ein. Seit dieser Zeit versuche ich zu lernen, wie man betet. In den ersten Jahren wurde ich von den *Sulpician Fathers* geistlich begleitet, sowohl am St.-Mary's-Seminar in Baltimore wie am *Theological College* der Katholischen Universität. Bei diesen Ordensleuten war es Brauch, abends zusammenzukommen; dabei gaben sie uns Anstöße zur Besinnung. Am nächsten Morgen versammelten wir uns vor der Messe im sogenannten Gebetsraum, um über diese Punkte zu meditieren. Manchmal habe ich mich gefragt, ob das die beste Lehrmethode ist. Aber im Rückblick muß ich gestehen, daß ich dabei gelernt habe, wie wichtig das Gebet ist und daß Beten keine Einbahnstraße ist: Zum Beten gehören Sprechen und Hören auf beiden Seiten.

Nach meiner Priesterweihe 1952 betete ich wohl so eifrig wie jeder junge Priester in dieser Zeit. Aber Mitte der 70er Jahre stellte ich fest, daß ich meine Prioritäten mehr auf gute Werke als auf das Gebet legte. Anderen – Seminaristen, Priestern, Laien und Ordensleuten – erzählte ich, wie wichtig das Beten sei; ich betonte, daß sie keine echte Beziehung mit Gott haben könnten, wenn sie nicht beteten. Aber wenn ich so redete, kam ich mir ein wenig scheinheilig vor; denn ich selbst nahm mir nicht genügend Zeit für das persönliche Gebet. Nicht, daß es am Wunsch zu beten gefehlt hätte oder daß ich plötzlich zum Schluß gekommen wäre, daß das Beten für mich nicht so wichtig wäre. Es lag wohl einfach daran, daß ich sehr beschäftigt war und mir selbst vormachte, es käme mehr auf meine guten Taten an als auf das Gebet.

In dieser Zeit kam ich während eines gemeinsamen Abendessens mit drei Priestern ins Gespräch. Alle drei waren jünger als ich; zwei von ihnen hatte ich selbst zum Priester geweiht, nachdem ich 1972 nach Cincinnati gekommen war. Ich erzählte ihnen von meinen Schwierigkeiten mit dem Gebet und fragte sie um Rat. Ich bin mir nicht sicher, wie ernst es mir damit war; denn ich wußte nicht, ob ich bereit sein würde, mich auf eventuelle Vorschläge einzulassen. „Ist Ihnen das ein ehrliches Anliegen? Sollen wir wirklich darauf eingehen?" fragten sie mich. Was hätte ich erwidern sollen? Ich konnte nicht mehr nein sagen, nachdem ich sie nun einmal gefragt hatte.

Auf sehr direkte, ja unverblümte Weise machten sie mir klar, daß ich als Priester und Bischof anderen ein geistliches Leben empfahl, das ich selbst nicht konsequent praktizierte. Dieser Augenblick wurde zu einem Wendepunkt in meinem Leben. Die Priester gaben mir zu verstehen, daß ich dem Gebet etwas von der besten Zeit des Tages widmen müsse. Man kann es nicht „schnell mal zwischendurch" erledigen. Wenn wir glauben, daß Jesus Christus der Sohn Gottes ist, dann ist er derjenige, dem wir von allen, denen wir uns widmen, das Beste schulden, was wir haben.

So beschloß ich, Gott die erste Stunde meines Tages zu schenken, und – komme, was wolle – mit ihm im Gebet und in der Betrachtung zu verweilen. Ich wollte versuchen, ihm die Tür weiter zu öffnen. Das gab meinem Leben eine neue, tiefere Dimension; ich merkte, daß ich fähig wurde, andere an den inneren Kämpfen auf meinem geistlichen Weg teilhaben zu lassen. Zu wissen, daß ich die gleichen Erfahrungen wie sie machte, war für sie eine große Ermutigung. In meinem Dienst an Krebspatienten und anderen Schwerstkranken ist das ein entscheidender Aspekt geworden.

Und doch bleibt es dabei: Loslassen ist nie leicht. Ich habe unentwegt gebetet und gekämpft, um Dinge bereitwilliger loslassen zu können und von allem frei zu werden, was den Herrn hindert, gastliche Aufnahme bei mir zu finden oder was meiner Verfügbarkeit für das, was Gott von mir möchte, im Weg steht. Es ist klar, daß Gott jetzt von mir möchte, daß ich loslasse. Aber da ist etwas in uns Menschen, was uns immer wieder an uns selbst, an den Dingen und an allem Vertrauten festhalten läßt. Täglich bitte ich im Gebet, daß ich die Tür meines Herzens für Jesus und seine Erwartungen an mich weit öffnen kann.

Inzwischen bin ich etwas freier geworden und kann etwas leichter loslassen. Der Herr hat mich von der Frustration befreit, die ich früher manchmal erlebte, wenn ich geradezu verbissen versuchte, mich nicht länger von den Dingen gefangennehmen zu lassen. Ich habe über den Steuereintreiber Zachäus nachgedacht, von dem uns das Lukasevangelium erzählt. Als er Jesus in sein Haus aufnahm, beschwerten sich einige Leute, daß Jesus das Haus eines Sünders betrat. Zachäus „aber wandte sich an den Herrn und sagte: Herr, die Hälfte meines Vermögens will ich den Armen geben, und wenn ich von jemand zu viel gefordert habe, gebe ich ihm das Vierfache zurück. Da sagte Jesus zu ihm: Heute ist diesem Haus das Heil geschenkt worden, weil auch dieser Mann ein Sohn Abrahams ist. Denn der Menschensohn ist gekommen, um zu suchen und zu retten, was verloren ist" (vgl. Lk 19,1-10).

Ich wünschte mir nichts sehnlicher, als meine Seele zu öffnen wie Zachäus die Tür seines Hauses. Nur so kann der Herr mein Leben ganz in die Hand nehmen. In der Vergangenheit hatte ich ihm die Tür oft nur halb geöffnet. Ich sprach zwar mit ihm, doch schien ich Angst zu haben, ihn ganz einzulassen.

Warum hatte ich Angst? Warum öffnete ich die Tür nur halb und nicht ganz? Diesen Fragen bin ich einmal nachgegangen. Manchmal lag es daran, so glaube ich, daß ich nach Erfolg und Anerkennung strebte. Ein andermal war ich gekränkt, wenn ich las oder hörte, daß meine Entscheidungen und Handlungen kritisiert wurden. In dieser inneren Verfassung wollte ich die Dinge unter Kontrolle bringen und dafür sorgen, daß sie „richtiggestellt" würden – eine Reaktion, die mich anderen gegenüber so lange mißtrauisch machte, bis sie mich persönlich von ihrer Vertrauenswürdigkeit überzeugt hatten.

Ich stellte fest, daß ich mit Gott genauso verfuhr. Grundsätzlich wußte ich, daß man ihm vertrauen kann und soll. Ich erinnerte mich daran, daß es um *seine* Kirche geht und daß nichts seinem Blick entgeht. Doch obwohl ich das alles wußte, war ich nicht bereit und willens, ganz loszulassen. Fürchtete ich vielleicht, daß Gottes Wille anders sein könnte als der meine oder daß ich Kritik erntete, wenn sich sein Wille durchsetzt? Oder gab es eine andere Ursache? Vielleicht war ich psychologisch oder emotional einfach unfähig loszulassen.

Ein Grund für meinen Widerstand lag sicher darin, daß jeden Tag viele Menschen mit Anfragen an mich herantraten. Sie hatten derart viele unterschiedliche persönliche Erwartungen, daß es mir nicht gelang, mich von diesem Druck so frei zu machen, wie ich es gerne getan hätte.

Ich habe mich auch gefragt, ob es nicht einfach Stolz war, der mich davon abhielt, das Risiko des Loslassens einzugehen. Manchmal war ich wohl deshalb fast wie gelähmt, weil ich hin- und hergerissen war zwischen kirchlichen Gruppierungen, die um meine Gunst und Unterstützung stritten: zum einen die sogenannten Progressiven, die mich gern als Aushängeschild gehabt hätten, zum anderen jene, die sich als die Hüter der Tradition verstehen und von mir erwarteten, daß ich auf ihrer Seite stehe. Beide handelten durchaus in guter Absicht, und dennoch spürte ich, daß meine Aufgabe darin bestand, zu tun, was für die Kirche als ganze gut ist. Manchmal führten die Spannungen dazu, daß ich nur mit großer Vorsicht sagte, was ich wirklich dachte.

Ein anderer Aspekt: Ich fragte mich, ob hinter meinem Widerstreben, den Herrn ganz einzulassen, die Sorge stand, er könnte darauf bestehen, daß ich mich in meinem Leben von Dingen trennte, die ich nur ungern und widerwillig aufzugeben bereit war. Es handelte sich, so wußte ich, gerade um gewöhnliche Dinge, oft Geschenke von anderen, an denen ich hängen konnte.

Vor mehr als 15 Jahren habe ich all mein Geld weggegeben und bekundet, nie wieder ein Sparkonto oder Aktien haben zu wollen. Ich gelobte, nur das zu behalten, was nötig wäre, um mein Girokonto aufrechtzuerhalten. Geldgeschenke überwies ich auf ein Sonderkonto der Erzdiözese, das karitativen Werken und besonderen Projekten verschiedenster Art dient. Doch bekam ich in den letzten Jahren so viele Geschenke, daß ich das eine oder andere doch für mich persönlich behielt, mit der Begründung, daß ich diese Reserven im Ruhestand oder für meine hochbetagte Mutter brauchen könnte. Dies alles habe ich nun neu überdacht. Ich habe dafür gesorgt, daß ich frei von diesen materiellen Dingen werde, damit sie mich nicht mehr von meiner Beziehung zum Herrn ablenken können.

Als ich vor einigen Jahren darum rang loszulassen, kam mir die Frage, ob Gott mich wohl auf etwas Besonderes vorbereiten wollte oder ob dieses Ringen nur Teil der normalen geistlichen Entwicklung ist. Mit Sicherheit gehört es zum üblichen inneren Weg. Aber heute weiß ich auch, daß Jesus mich zugleich auf etwas Besonderes vorbereiten wollte.

Die vergangenen drei Jahre haben mich viel über mich und meine Beziehung zu Gott, zur Kirche und zu den Mitmenschen gelehrt. Drei wichtige Ereignisse haben mich dahin geführt, wo ich heute stehe: Das erste war die falsche Anschuldigung wegen sexuellen Mißbrauchs im November 1993, die ein Jahr später mit der Versöhnung mit dem Ankläger endete. Das zweite war die Diagnose auf Bauchspeicheldrüsenkrebs im Juni 1995 und die Behandlung, die mich für 15 Monate „krebsfrei" sein ließ. Das dritte war der erneute Ausbruch des Krebses Ende August 1996, diesmal in der Leber. Einen Monat später entschloß ich mich, die Chemotherapie abzubrechen und die mir verbleibende Zeit entsprechend der gegebenen Möglichkeiten in Fülle zu leben.

In diesen Ereignissen bündelt sich die ganze Geschichte meines Lebens; hier tritt zutage, was ich zu sein glaubte und welcher Mensch ich sein wollte. Es liegt in der Natur dieser drei Ereignisse, daß ich mein geistliches Leben vertiefen und weiterentwickeln konnte. Dabei habe ich Einsichten gewonnen, die ich mit Ihnen teilen möchte. Auf keinen Fall sollen diese Reflexionen eine umfassende Autobiographie sein. Es sind einfach Reflexionen von Herz zu Herz. Ich hoffe, daß sie Ihnen helfen können, damit auch Sie den tiefen inneren Frieden – Gottes wunderbares Geschenk an mich – erfahren können: einen Frieden, wie ich ihn jetzt, da ich an der Schwelle zum ewigen Leben stehe, erfahre.

Falsche Anklage

Sich leermachen

Gott spricht uns sehr behutsam an, wenn er uns einlädt, ihm mehr Raum in unserem Leben zu geben. Die damit verbundene Spannung liegt nicht an ihm, sondern an mir: Es ist ein Ringen, herauszufinden, wie ich ihm mehr Gastfreundschaft gewähren kann, und es dann auch mit ganzem Herzen zu tun. Der Herr sagt mir unmißverständlich, was er will, aber es ist schwer, mich selbst und meine Arbeit loszulassen und ihm ganz und gar zu vertrauen. Der erste Schritt im Loslassen besteht darin, daß ich mich ganz leermache – sowohl von Plänen, die mir besonders wichtig erscheinen, als auch von den tagtäglichen Ablenkungen, so belanglos sie mir auch scheinen. Es geht ja darum, daß der Herr selbst das Ruder meines Lebens übernehmen kann.

Öfter kommt mir in den Sinn, wie Paulus die Sendung Jesu beschreibt: Jesus „war Gott gleich, hielt aber nicht daran fest, wie Gott zu sein, sondern er entäußerte sich und wurde wie ein Sklave und den Menschen gleich. Sein Leben war das eines Menschen; er erniedrigte sich und war gehorsam bis zum Tod, bis zum Tod am Kreuz" (Phil 2,6-8). Um den Abgrund zwischen dem, was ich bin, und dem, was Gott von mir möchte, zu überwinden, muß ich mich leermachen, mich „entäußern" und Jesus einlassen, damit er Besitz von mir ergreifen kann. Ich habe darum gebetet, daß er mir zeigt, wie sein Programm für mich aussieht. Einiges tritt deutlich zutage. Er möchte, daß ich mich mehr auf das Wesentliche seiner Botschaft und seiner Lebensweise konzentriere, statt mich mit Nebensächlichkeiten abzugeben, die unnötigerweise oft soviel Zeit und Kraft in Anspruch nehmen. Im geistlichen Leben läßt sich das Wesentliche vom Nebensächlichen unschwer unterscheiden: Das Wesentliche fordert uns heraus, wahrhaft Zeugnis zu geben und die Mitmenschen mehr zu lieben. Das Unwesentliche verschließt uns in uns selbst.

Es scheint wenig aussichtsreich, leer von sich selbst werden zu wollen; offenbar übersteigt es unsere menschlichen Möglichkeiten. Aber, so habe ich gelernt, wenn wir es versuchen, tut Gott den größten Teil. Ich darf mich auf seine Liebe verlassen und mein Vertrauen auf ihn setzen.

Wenn Gott in mein Leben eingreift, um seine Pläne zu verwirklichen, wählt er in der Regel nicht den direkten Weg, wie ich es immer erwartet hatte. Es ist eher so, daß er uns mit leiser Stimme von irgendeiner Seite her etwas zuflüstert. Mich hat er damit nicht nur überrascht, er hat mir auch Horizonte eröffnet, die ich mir nie hätte vorstellen können.

* * *

Die Anklage

Am Mittwoch, dem 10. November 1993, war ich in New York, wo an der Columbia-Universität die alljährliche Thomas-Merton-Tagung stattfand. Kardinal John O'Connor, bei dem ich wohnte, erzählte mir, daß ein beunruhigendes Gerücht die Runde mache: Ein US-amerikanischer Kardinal solle wegen sexuellen Mißbrauchs angeklagt werden. Die Quelle war unklar. Das legte einerseits die Vermutung nahe, daß das ganze nicht ernst zu nehmen wäre, andererseits verhieß es nichts Gutes.

Die Gerüchte hatten sich verstärkt, als ich am nächsten Tag in mein Büro zurückkehrte. Ich war völlig konsterniert, als ich erfuhr, es gebe Spekulationen, daß womöglich ich der angeklagte Kardinal sei. In Telefongesprächen mit Freunden erfuhr ich, daß sich Gerüchte über einen baldigen Prozeß blitzschnell im ganzen Land und in aller Welt verbreiteten. Am nächsten Morgen ließ man mir Zeitungen zukommen, in denen behauptet wurde, ich hätte als Erzbischof von Cincinnati einen Seminaristen sexuell mißbraucht.

Die Anschuldigung erschütterte mich zutiefst. Ich versuchte, die haltlosen Verdächtigungen innerlich beiseitezuschieben und mich wieder an meine Arbeit zu machen; doch die infame Bezichtigung, die gegen meine höchsten Ideale und Anliegen ging, nahm meine Aufmerksamkeit ganz gefangen. Ich konnte kaum noch an etwas anderes denken, während meine Mitarbeiter mir immer weitere Einzelheiten der umlaufenden Spekulationen mitteilten. An einem gewissen Punkt setzte ich mich ruhig hin und stellte mir eine einfache Frage: War es das, worauf der Herr mich vorbereiten wollte? Die

Konfrontation mit einer Anklage wegen einer Sache, die nie stattgefunden hat? Mir kam in den Sinn, daß auch Jesus zu Unrecht angeklagt worden war. Doch der Alptraum, der da begann, schien mir völlig unwirklich: unmöglich, daß mir so etwas widerfahren sollte ...

Am Spätnachmittag rief Mary Ann Ahern vom lokalen Fernsehsender der NBC an und teilte mit, man habe ihr eine Kopie der Anschuldigungen vorgelesen. Der Kläger heiße Steven; er werde von einem Anwalt aus New Jersey verteidigt, der auf Anklagen gegen Kleriker spezialisiert sei, die sich des sexuellen Mißbrauchs schuldig gemacht hätten. Die Klage sollte am nächsten Morgen in Cincinnati eingereicht werden. Es gebe ein Foto, das Steven und den Kardinal gemeinsam zeigt, las die Journalistin aus der Agenturmeldung vor, die an alle Redaktionen ging.

Kurze Zeit darauf erfuhren wir, daß Steven mit Nachnamen Cook hieß. Ich kramte in meinem Gedächtnis nach dem dazugehörigen Gesicht – vergeblich. Einer meiner Mitarbeiter informierte mich, daß Steven Student am St.-Gregory-College gewesen sei; jetzt sei er Mitte dreißig und an Aids erkrankt. „Das ist alles, was wir wissen."

Steven Cook. Ich konnte immer noch kein Gesicht mit diesem Namen verbinden. Wer in Gottes Namen war dieser Mann, der angeblich behauptete, daß ich ihn 1975 in mein Schlafzimmer geführt und zu sexuellen Handlungen gezwungen hätte? Warum bezichtigte er mich einer Tat, von der er genauso gut wie ich wissen mußte, daß sie nie stattgefunden hatte? Dann fiel mir ein, daß jemand mit diesem Namen schon einmal bei der Erzdiözese Cincinnati gegen einen Priester geklagt hatte, der an der Fakultät des St.-Gregory-Colleges gewesen war. Mir kam der Verdacht, daß der Ausgang des Verfahrens für Steven vielleicht unbefriedigend gewesen war, so daß sein Anwalt jetzt mich hineinziehen wollte; ich war ja damals Erzbischof von Cincinnati gewesen. Doch das war eine bloße Vermutung; später habe ich von Steven Genaueres über die Hintergründe erfahren.

Ich dachte daran, daß ich darum gebetet hatte zu lernen, loszulassen und mich leerzumachen. Lag Gottes Antwort in diesem Prozeß verborgen, in dem gesichtslose Ankläger drohten, mich ein für alle Mal zum Sexualverbrecher abzustempeln? Vorwürfe dieser Art sind in den letzten Jahren gegen viele Priester erhoben worden. Als eines der ersten Bistümer hatten wir in der Erzdiözese Chicago umfassende Richtlinien ausgearbeitet, wie bei Anklagen wegen sexuellen Mißbrauchs durch Geistliche zu verfahren sei. Ich selbst hatte die Arbeit beaufsichtigt. Unsere Richtlinien waren im ganzen Land weitgehend übernommen worden. Verfahrensgemäß bestand eine meiner ersten Handlungen angesichts der gegen mich erhobenen Vorwürfe darin, die Anklagen dem zuständigen Prüfungsausschuß vorzulegen.

Ich fühlte mich zutiefst gedemütigt, als mir durch Anrufe von Menschen, die nähere Informationen wollten, klar wurde, daß die Anschuldigung inzwischen um die ganze Welt gegangen war. Millionen von Menschen wußten von mir nur dies: daß ich angeklagt war, vor mehr als zwanzig Jahren das Vertrauen und den Körper eines viel Jüngeren mißbraucht zu haben. Von meinem Büro aus sah ich unten auf der Superior Street eine Fahrzeugkolonne: Journalisten und Kamerateams warteten auf mich. Meine Berater legten mir nahe, eine

Erklärung abzugeben. Doch was soll man auf eine Anklage erwidern, die man nicht zu Gesicht bekommen hat? Was kann man Anklägern entgegnen, die man nicht kennt? Was soll man zu einer Tat sagen, die man nicht begangen hat? Wie nie zuvor spürte ich die Präsenz des Bösen. Doch tief im Herzen sagte mir der Herr ein Wort, das den Sturm, der um mich herum und in mir losbrach, zur Ruhe kommen ließ: „Die Wahrheit wird euch befreien" (Joh 8,32). Sogleich schrieb ich folgendes Statement: „Ich habe weder die Anklage gesehen, noch kenne ich Einzelheiten der Anschuldigung, aber eines weiß ich, und ich versichere es mit allem Nachdruck: Ich habe nie in meinem ganzen Leben jemanden mißbraucht, nirgendwo, zu keiner Zeit, an keinem Ort."

Ich war entschlossen, meine Verteidigung nur auf die Wahrheit zu stützen. Nachdem ich den wartenden Reportern meine Erklärung abgegeben hatte, fuhr ich nach Hause. Die altvertrauten Straßen kamen mir nach den Ereignissen dieses Tages gänzlich verändert vor ...

„Die Wahrheit wird euch befreien." Ich glaubte daran und vertraute dem Herrn. Noch konnte ich nicht erfassen, warum er es zuließ, daß ein solches Verfahren mein Leben überschattete. Und bei allem Vertrauen fragte ich mich auch, ob die Stimme der Wahrheit überhaupt Gehör finden würde in einer Welt, in welcher der Schein zählt und Manipulationen an der Tagesordnung sind. Doch mein Glaube bestärkte mich: Ich konnte nur auf die Wahrheit setzen, und das würde genügen. Im dunklen Tal der kommenden Monate war dies mein Stab und meine Zuversicht (vgl. Ps 23,4).

Die Welt an der Wahrheit teilhaben lassen

Die einfache Wahrheit ist, daß ich unschuldig war und daß die Anklagen gegen mich jeder Grundlage entbehrten. Das hielt mich aufrecht in einer Nacht, in der das Telefon unentwegt läutete. In den 22-Uhr-Nachrichten der Fernsehsender von Chicago war gemeldet worden, daß ich angeklagt sei, Steven Cook mißbraucht zu haben. Die Nachricht hatte eingeschlagen. Nur Bill Kurtis vom Lokalsender der CBS brachte die Möglichkeit ins Spiel, daß eine andere Geschichte dahinter stecken könnte; womöglich hätten bestimmte Personen es darauf abgesehen, Kardinal Bernardin eine Falle zu stellen. Daß ich Kritiker hatte, wußte ich, aber ich konnte mir nicht vorstellen, daß jemand zu solchen Mitteln greifen würde, um mir zu schaden. Ein Freund, der abends anrief, vermutete eine Verschwörung. Ich sagte ihm, dies sei mir auch schon in den Sinn gekommen.

Ich war empört und konsterniert, daß Leute, die mich nicht kannten, mich auf so gemeine Weise beschuldigten. Offenbar war Berechnung im Spiel; denn die Anklagen konnten nicht einem bloßen Mißverständnis entspringen. Meine erste Sorge war, welche Wirkung die Vorwürfe gegen meine Person auf die Kirche haben würden. Der Angriff ging gegen das Wichtigste, wofür ich als kirchlicher Repräsentant einzustehen habe: meine Integrität. Wenn meine Glaubwürdigkeit zerstört würde, könnte ich meine Aufgabe unmöglich weiter wahrnehmen. Sollten die Leute den Vorwürfen glauben, wie könnten sie dann noch Vertrauen zu mir haben? Und würden sie mir während dieser Zeit, in der die Anklagen im Raum standen, vertrauen?

Ich beschloß, im Glauben an die Kraft der Wahrheit mutig in den nächsten Tag hineinzugehen. Mir kam der Gedanke, daß ich wohl nicht der einzige war, der in diese Verleumdung hineingezogen wurde. Meine Intuition sagte mir, daß der junge Mann, der als Kläger ausgegeben wurde, auf irgendeine Weise selbst in die Sache verwickelt worden war. Anhaltspunkte für diese Vermutung hatte ich nicht; aber irgendwie spürte ich, daß er nur eine Schachfigur in diesem furchtbaren Spiel war. Wenn ich recht hatte, brauchte er in dieser Zeit das Gebet mindestens so sehr wie ich. Es war mir ein inneres Anliegen, mit ihm zu beten und ihn zu trösten.

Einige Tage nach der Einreichung der Klage teilte ich ihm in einem Brief mit, was ich empfand. Erst viel später erfuhr ich, daß sein Anwalt ihm den Brief nie weitergereicht hat. Hier einige Auszüge: „... als ich über alles nachdachte, fragte ich mich, ob nicht auch Sie sehr zu leiden haben. Gestern morgen kam mir der Gedanke, ob es nicht gut wäre, Sie persönlich aufzusuchen. Der Zweck dieses Besuchs soll ausschließlich seelsorglicher Art sein: Ich möchte Ihnen meine Sorge um Sie bekunden und mit Ihnen beten. Wenn Sie an einem solchen Besuch interessiert sind, lassen Sie es mich bitte wissen. Ich komme zu Ihnen, wann Sie es möchten."

Am nächsten Morgen – es war Freitag, der 12. November – berichteten Zeitungen in aller Welt auf der Titelseite von den Anschuldigungen gegen mich. Als ich frühmorgens den Rosenkranz betete, betrachtete ich das erste der schmerzensreichen Geheimnisse, Jesu Todeskampf im Ölgarten. Ich sagte zum Herrn: „In meinen 65 Lebensjahren ist dies das erste Mal, daß ich die Qual und die Todesängste, die du in dieser Nacht durchlitten hast, wirklich verstehe." Und ich fragte ihn: „Warum läßt du dies geschehen?" Nie habe mich so einsam gefühlt wie in diesem Moment.

Vormittags traf ich mich mit meinen Beratern und Mitarbeitern; die meiste Zeit nahm die Vorbereitung auf die Pressekonferenz in Anspruch, die für 13 Uhr angesetzt war. Zwischenzeitlich gingen Briefe ein, es gab Anrufe von Leuten, die ihre Anteilnahme bekundeten, und auch der Heilige Stuhl signalisierte seinen Beistand. Das hat mir gut getan.

Meine Berater erörterten alle Aspekte des Falls und spielten mögliche Strategien durch. Wir erfuhren, daß CNN stündlich einen Werbespot für eine Sondersendung am Sonntagabend ausstrahlte: Unter dem Titel „Aus der Gnade gefallen" sollte über Priester berichtet werden, die sexueller Straftaten für schuldig befunden worden waren. Unter anderem wurde ein Interview mit Steven Cook angekündigt; in dem Spot sah man Cook und einen Reporter bei der Untersuchung eines angeblichen „Beweisstücks" gegen mich; es handelte sich um ein Buch und ein Foto. Das Interview war also bereits vorab geführt worden, und da die Fernsehsendung ausgerechnet für den Vorabend der halbjährlichen Zusammenkunft der nationalen katholischen Bischofskonferenz angesetzt war, hatte es den Anschein, daß der „Fall Bernardin" zu einem guten Teil planmäßig inszeniert war.

Am Ende des Treffens mit meinen Beratern beschloß ich, eine Stunde allein zu sein, um zu beten und nachzudenken. Nie hätte ich mir vorstellen können, einmal so leer von mir selbst zu werden. Jetzt wollte ich alles loslassen und mich und meine Sorgen ganz in die Hände des Herrn legen. Draußen nahm das hektische Getriebe der Großstadt seinen gewohnten Lauf, unten auf der

Straße traf wieder einmal eine Karawane von Sendewagen ein ... Zehn Minuten bevor die Pressekonferenz beginnen sollte, rief ich einen alten Freund an und sagte ihm: „Den ganzen Morgen habe ich gutgemeinte Ratschläge von guten Leuten gehört. Ich habe mich entschlossen, meinem eigenen Gefühl zu folgen. Ich gehe jetzt, um schlicht und einfach die Wahrheit zu sagen."

Der Konferenzsaal des Seelsorgezentrums war wie elektrisiert. Mindestens 70 Reporter waren zusammengepfercht in einem Wirrwarr von Kameras, Fotoapparaten, Scheinwerfern und Kabeln. Ich verstand, daß diese Journalisten, von denen ich viele kannte und schätzte, eine gegnerische Position einnehmen mußten, um ihre Arbeit zu tun. Aber ich war nicht gekommen, um mit ihnen zu streiten. Ich wollte nur ehrlich auf ihre Fragen antworten.

Als ich dann vor die vielen Mikrophone trat, fühlte ich mich sehr einsam, wie wenn ich allein vor der ganzen Welt stehen würde. Was in diesem Augenblick am meisten für mich sprach, waren die 42 Jahre priesterlichen Dienstes, mein Name und mein Ansehen. Ich spürte auch eine starke innere Kraft, und ich bin sicher, daß es der Herr war, der sie mir gab. Für mich war dieser Moment der Anklage und Befragung vor der Öffentlichkeit auch ein Moment der Gnade. Ein Moment des Schmerzes, gewiß – doch eben auch ein Moment der Gnade, denn ich spürte die große Liebe und Unterstützung, die viele Menschen mir entgegenbrachten. Vor allem aber war es ein Augenblick der geistlichen Reifung: Ich merkte, daß aufgrund der Ereignisse dieser wenigen Tage eine neue Etappe meines geistlichen Wegs begonnen hatte.

Nach und nach löste sich die Spannung im Konferenzraum ein wenig. Auch wenn die Stimmung weiter ernst war, machte mich die Wahrheit frei, ganz wie der Herr es versprochen hat, und so änderte sich auch die Haltung derer, die mich befragten. Sie schienen weniger skeptisch, weniger feindselig und eher bereit, mir zu glauben. Natürlich stellten sie auch weiterhin kritische, provozierende Fragen; das gehört zu ihrem Geschäft.

Gegen Ende der Pressekonferenz nahm die Spannung wieder zu, als mich ein junger Mann in der vordersten Reihe fragte: „Haben Sie sexuelle Beziehungen?" Im ersten Moment war ich sprachlos, und in diesem kurzen Augenblick wurde mir bewußt, welche Abgründe die Welt, in der der Journalist lebte, von meiner Welt trennten. „Ich habe immer ein keusches und zölibatäres Leben geführt", sagte ich in aller Einfachheit. Die neuerlich angespannte Atmosphäre lockerte sich wieder, und in den Augen der anwesenden Journalisten konnte ich lesen, daß sie mir glaubten. Anschließend sagte mir einer: „Wir wissen jetzt, daß Sie die Wahrheit sagen, Herr Kardinal, aber wir müssen Ihnen diese Fragen stellen. Daran hängt unser Job." Die Schlagzeile der Chicago Tribune vom nächsten Tag lautete: „,Ich habe ein keusches Leben geführt', sagt Bernardin."

Nach der Pressekonferenz kehrte ich in mein Büro zurück. Wenn das eine Feuerprobe war, dachte ich mir, dann wohl nur die erste von vielen. In der Tat mußte ich in der folgenden Woche 14 Pressekonferenzen halten, alle vom gleichen Kaliber. Die Wahrheit gab mir, wie der Glaube verheißt, von Mal zu Mal eine größere innere Freiheit.

Der Fall klärt sich

Es dauerte hundert Tage, bis die falschen Vorwürfe gegen mich aus der Welt waren. Man mag diese Zeit als eine praktische Einführung ins Rechtswesen bezeichnen; ich betrachte sie lieber als eine tiefe Lehre für die Seele. Eigentlich war die ganze Angelegenheit für mich nur der Beginn eines Stücks in drei Akten, das die letzten drei Jahre meines Lebens umfaßt, der Anfang einer dreijährigen Schule, die der Heilige Geist mich machen ließ. Doch das konnte ich noch nicht absehen, als sich dieses Jahr dem Ende neigte.

Auch wenn mir klar war, daß ich mich und die Kirche so zu verteidigen hatte, daß sich die Wahrheit durchsetzt, ließ ich meine Anwälte schon zu Beginn wissen, daß ich keine Gegenklage einreichen würde; wir wollten keine Politik der „verbrannten Erde" machen. Denn ich wollte nicht, daß jemand, der wirklich von einem Priester mißbraucht worden ist, davor zurückschreckt, sich bei uns zu melden. Zudem hatte ich gleich am Anfang beschlossen, keine Gelder der Erzdiözese für meine Verteidigung zu verwenden. Ich wollte niemandem einen Vorwand liefern, seine Beitragszahlungen für die Kirche einzustellen. Als dies bekannt wurde, meldeten sich sofort einige angesehene Anwälte, darunter auch jenes Büro, das wir bereits in diversen Rechtsfragen zu Rate gezogen hatten. Sie boten an, mich auf pro-bono-Basis zu verteidigen.

Sobald die angeblichen „Beweisstücke" untersucht waren, begann der Fall in sich zusammenzubrechen. Das Foto von mir und dem Ankläger erwies sich als ein Gruppenfoto, das bei einem Seminargottesdienst in

Cincinnati gemacht worden war, an dem wir beide neben vielen anderen teilgenommen hatten. Das Buch, das ich ihm angeblich gewidmet und überreicht haben sollte, enthielt keinen handgeschriebenen Namenszug von mir. Die „Hypnotiseurin", die dem Ankläger einen Monat zuvor „geholfen" haben sollte, die Erinnerungen an den sexuellen Mißbrauch wachzurufen, entpuppte sich als jemand, der nur ein paar Stunden Ausbildung in Hypnose hinter sich hatte. Wie ich später erfuhr, wußte sie nicht um den wahren Grund, weshalb Steven zu ihr geschickt worden war.

Ich begriff, daß einige meiner Kritiker ihre Hand im Spiel gehabt haben mußten und Steven Cook dazu gedrängt hatten, die Rolle des Klägers gegen mich einzunehmen. Unmittelbar nachdem die Anschuldigungen publik geworden waren, äußerten einige Leute, darunter ein auswärtiger Priester, in einer Sendung eines lokalen Radiosenders, sie glaubten, daß ich schuldig sei und die Tatsachen mich endlich überführt hätten. In der Nacht zwischen dem Bekanntwerden der Gerüchte und der Einreichung der Klage liefen im Seelsorgezentrum der Erzdiözese die Telefone heiß; auf den Anrufbeantwortern in mehreren Büros wurden sechs verschiedene Nachrichten hinterlassen, die am nächsten Morgen von den Mitarbeitern abgehört wurden. Der Inhalt der Anrufe war stets der gleiche: Ich sei schuldig, die Gerüchte seien zutreffend, und es sei für die Erzdiözese nicht vorteilhaft, mich zu verteidigen. Spätere Bemühungen herauszufinden, wer dahinter steckte, blieben ergebnislos.

Dank der Professionalität und Kompetenz meiner Anwälte, vor allem John O'Malleys und James Serritellas, kam schnell ans Licht, was von der gegen mich eingereichten Klage zu halten war. Doch obwohl der Prozeß auf haltlosen Vorwürfen gründete, konnte er einen tiefen Einschnitt, ja eine Wende in meinem Leben bedeuten.

Nachdem sich die Unterstellungen als unwahr erwiesen hatten, begann ich zu verstehen, wie Steven Cook zum Opfer dieser üblen Geschichte geworden war. Meine anfängliche Intuition, daß man ihn nur ausgenutzt hatte, bestätigte sich immer mehr. Am 28. Februar 1994 bat Steven auf eigene Initiative einen Richter am Bundesgerichtshof von Cincinnati, die Anklage gegen mich fallen zu lassen.

Weit mehr als der Umstand, daß ein Priester des St.-Gregory-Seminars, der persönliche Schwierigkeiten hatte, unwillentlich in die Anklageerhebung verwickelt gewesen war, traf mich, was wir nach und nach über Steven Cooks schwieriges Leben erfuhren. Nach der kurzen unglücklichen Zeit, die er im Seminar von Cincinnati verbracht hatte, entfernte er sich von der Kirche und geriet ganz aus der Bahn. Er erkrankte an Aids. In einem Appartement in Philadelphia wurde er von einem Freund versorgt; die Adresse wurde geheimgehalten. Er war das Schaf, das verloren gegangen war. Als Hirte, so wußte ich, mußte ich ihn aufsuchen.

Begegnung mit meinem Ankläger:
Vergebung und Versöhnung

Nachdem der Fall ad acta gelegt war und meine letzte Pressekonferenz in dieser Sache von derselben CNN übertragen worden war, die sich in der Verbreitung der Anschuldigungen so hervorgetan hatte, stürzte ich mich wieder in meine Arbeit. Doch ich mußte oft an Steven denken, der einsam und krank fern vom elterlichen Zuhause und von der Kirche lebte. Mitte Dezember spürte ich tief im Herzen, daß die Angelegenheit nicht abgeschlossen war, solange ich nicht meiner seelsorgerischen Aufgabe nachkam und ihn aufsuchte. Ich betete darum, daß er mich empfangen würde, damit ich mich mit ihm versöhnen und diese Erfahrung abschließen konnte. Obwohl ich nie etwas von ihm gehört hatte, spürte ich, daß auch er mich sehen wollte.

Da ich seine Adresse und Telefonnummer nicht hatte und ihn nicht überraschen wollte, nahm ich über Pater Phil Seher mit Stevens Mutter Mary Kontakt auf; er war ihr Pfarrer in Cincinnati und ein Freund von mir. Sie ließ mich wissen, daß Steven nicht nur einverstanden sei, sondern ein echtes Bedürfnis habe, mich zu treffen. Mit Pater Scott Donahue flog ich daraufhin am 30. Dezember 1994 nach Philadelphia. Monsignore James Malloy, der Direktor des St.-Charles-Borromeo-Seminars, wo das Treffen stattfinden sollte, holte uns ab und brachte uns zum Hochschulgelände in der Vorstadt von Overbrook.

Ich war ein wenig besorgt, als wir auf den Platz vor dem Seminar traten. Es hatte geschneit. Der Campus, von traditionell granitenen Bauten bestimmt, war leer – die Seminaristen hatten Weihnachtsferien. In der zweiten Etage des Hauptgebäudes warteten wir in einem großen Raum mit hohen Fenstern geduldig auf Steven und seinen Begleiter. Immer wieder ging mir die Frage durch den Kopf: Ob Steven es wohl schafft, die Verabredung zu halten?

Wenige Minuten später kam er mit seinem Freund Kevin. Wir gaben uns die Hand; ich setzte mich mit Steven auf die Couch, während Pater Donahue und Kevin auf den seitlichen Sesseln Platz nahmen. Steven sah trotz seiner schweren Krankheit nur ein wenig abgemagert aus. Ich erklärte ihm, der einzige Grund, weshalb ich um dieses Treffen gebeten hatte, sei der Wunsch, die traumatischen Ereignisse des letzten Winters zu einem Abschluß zu bringen. Ich wolle ihm persönlich mitteilen, daß ich ihm nichts nachtrage. Außerdem sagte ich ihm, daß ich mit ihm für sein körperliches und seelisches Wohl beten wolle. Steven antwortete darauf, daß er sich entschlossen habe, mich zu treffen, um sich dafür zu entschuldigen, daß er mich in diese Verlegenheit gebracht und mir einen solchen Schmerz zugefügt habe. Mit anderen Worten: Wir suchten beide die Versöhnung. Steven bat mich jedoch, mir zunächst etwas aus seinem Leben erzählen zu dürfen.

Seine Stimme und Gestik verrieten, daß es sich um eine Sache handelte, die er lange Zeit mit sich herumgetragen hatte. Er erzählte, daß er als junger Seminarist von einem Priester, den er für seinen Freund gehalten hatte, sexuell mißbraucht worden war. Die zuständigen Verantwortlichen hätten ihn nicht ernst genommen, als er von dem Fehlverhalten dieses Priesters berichtete. Er wurde verbittert und entfernte sich von der Kirche. Sehr viel später kam er mit einem Anwalt aus New Jersey in Kontakt, der dafür bekannt war, daß er gerichtliche

Schritte gegen Priester einleitete, die des sexuellen Mißbrauchs beschuldigt wurden. Dieser Anwalt, sagte Steven, habe ihn mit einem Priester eines anderen Staates in Kontakt gebracht, der ihm geistlich beistehen sollte. Steven wollte lediglich gegen seinen Seminarlehrer vorgehen, doch dieser Geistliche riet ihm, auch meinen Namen ins Spiel zu bringen. Wenn ich in den Fall verwickelt würde, so deutete er an, werde Steven sicherlich alles von der Kirche bekommen, was er wollte. Dieser „geistliche Ratgeber" drängte Steven, im Rahmen des Verfahrens meinen Namen zusammen mit dem des Priesters zu erwähnen. Und er wirkte auch auf Stevens Mutter ein, damit sie sich an dem Plan beteiligte und ihren Sohn in dieser Sache unterstützte. Um sie zu gewinnen, schickte er ihr sogar Blumen. Es war übrigens derselbe Priester, der in der erwähnten Radiosendung vom 12. November 1993 bekundet hatte, er glaube, daß ich schuldig sei.

Steven tat sich schwer zu erklären, wie er mit Hilfe der schlecht ausgebildeten Therapeutin dazu gekommen war, Erinnerungen an eine vermeintliche Mißhandlung durch mich ins Bewußtsein zurückzuholen und mich so in den Fall zu verwickeln. An dieser Stelle wirkte er unsicher und durcheinander. Sein Freund Kevin warf ein, daß ihm der Anwalt und der „geistliche Ratgeber" immer suspekt erschienen wären.

Ich sah Steven an, der dicht neben mir saß. „Sie wissen", sagte ich, „daß ich Sie nie mißbraucht habe." „Ich weiß es", antwortete er leise. „Können Sie das wiederholen?" Ich blickte Steven in die Augen. „Ich habe Sie nie mißbraucht. Das wissen Sie, nicht wahr?" Steven nickte. „Ja", antwortete er, „ich weiß es, und ich möchte mich dafür entschuldigen, daß ich gesagt habe, Sie hätten es getan." Stevens Entschuldigung war bewegend einfach und direkt. Ich nahm seine Entschuldigung an. Ich erzählte ihm, daß ich jeden Tag für ihn gebetet hatte und weiter für seine Gesundheit und seinen inneren Frieden beten würde. Es wurde zunehmend deutlich, wie ernst es um seine Gesundheit stand.

Dann fragte ich ihn, ob er wollte, daß ich für ihn eine Messe feiere. Anfangs zögerte er. „Ich weiß nicht, ob ich eine Messe möchte", brachte er stotternd heraus. „Seit langem fühle ich mich von Gott und der Kirche weit entfernt." Er sagte, daß er mehrmals bei Hotelaufenthalten aus Wut und Frustration eine dort ausliegende Bibel an die Wand geworfen habe. „Vielleicht", meinte er, „ist ein einfaches Gebet angebrachter."

Als ich dann das Geschenk, das ich ihm mitgebracht hatte, aus meiner Tasche nahm, zögerte ich einen Augenblick, weil ich unsicher war, wie er reagieren würde. Ich sagte ihm, daß ich die Schwierigkeiten nicht noch vergrößern wollte, aber zwei Dinge würde ich ihm doch gerne zeigen. „Steven", sagte ich, „ich habe Ihnen etwas mitgebracht: eine Bibel mit einer Widmung für Sie. Aber ich verstehe es und fühle mich nicht verletzt, wenn Sie sie nicht annehmen möchten." Mit zitternden Händen und Tränen in den Augen nahm Steven die Bibel und drückte sie ans Herz. Dann holte ich einen hundert Jahre alten Kelch aus der Tasche. „Steven, das ist ein Geschenk von einem Mann, den ich nicht einmal kenne. Er bat mich, ihn zu gebrauchen, um eines Tages für Sie die Messe zu lesen." „Bitte", sagte Steven bewegt, „können wir jetzt die Messe feiern?"

In meinem gesamten priesterlichen Dienst habe ich nie einer tieferen Versöhnung beigewohnt. Die Worte, mit denen ich davon erzähle, können nicht ansatzweise wiedergeben, was die Kraft der Gnade Gottes an diesem Nachmittag bewirkt hat. Es war ein unvergeßliches Offenbarwerden der Liebe Gottes, seiner Vergebung und heilenden Versöhnung.

Kevin, Stevens Freund, fragte, ob er als Nichtkatholik dabeisein dürfe; ich antwortete ihm, daß ich mich darüber freuen würde. So gingen wir zusammen zur Kapelle des Seminars, wo Pater Donahue und ich mit großer Freude und Dankbarkeit die Messe zum Fest der Heiligen Familie feierten. Beim Friedensgruß umarmten wir uns alle, und anschließend spendete ich Steven die Krankensalbung.

Dann sagte ich noch ein paar Worte: „In jeder Familie gibt es Zeiten der Verletzungen, Wut und Entfremdung. Aber wir können unserer Familie nicht davonlaufen. Wir haben nur eine Familie, und so müssen wir uns nach jedem Streit alle erdenkliche Mühe geben, um uns wieder zu versöhnen. So ist es auch in der Kirche, unserer geistlichen Familie. Wenn wir einmal dazugehörten, bleibt sie unsere Familie, auch wenn sie uns verletzt hat oder fremd geworden ist. Daher müssen wir uns um die Versöhnung bemühen. Das haben wir heute Nachmittag getan."

Bevor Steven sich verabschiedete, sagte er mir: „Heute ist eine große Last von mir abgefallen. Ich bin geheilt und im Frieden." Zuvor waren wir übereingekommen, daß wir unser Treffen geheimhalten wollten. Jetzt aber sagte Steven: „Ich bin glücklich! Alle sollen von unserer Versöhnung wissen." Er bat mich, in der Diözesanzeitung, *The New World*, darüber zu berichten. Als ich einige Wochen später die Möglichkeit hatte, etwas darüber zu schreiben, rief ich ihn an, um es ihm vorab vorzulesen. Er sagte: „Herr Kardinal, Sie verstehen was vom Schreiben. Das können Sie so veröffentlichen."

Als wir an jenem Abend nach Chicago zurückflogen, spürten Pater Donahue und ich die Leichtigkeit des Geistes, die ein Nachmittag der Gnade mit sich bringt. Unwillkürlich mußte ich daran denken, daß die schwere Prüfung der Anklage zu dieser außergewöhnlichen Erfahrung der Gnade Gottes in der sakramentalen Versöhnung geführt hatte. Und ich konnte nicht umhin, an den Guten Hirten zu denken, der das eine Schaf, das für kurze Zeit verloren gegangen war, gesucht und zur Herde zurückgeführt hat.

Steven und ich blieben weiter in Kontakt. Als man mir sechs Monate später die Diagnose auf Bauchspeicheldrüsenkrebs stellte, war er einer der ersten, die mir schrieben. Er hatte nur noch wenige Monate zu leben, als er diese mitfühlenden und ermutigenden Zeilen schrieb. Er hatte vor, mich Ende August in Chicago zu besuchen, doch die Krankheit ließ es nicht mehr zu. Steven starb, versöhnt mit der Kirche, am 22. September 1995 im Haus seiner Mutter. Über seine Rückkehr zu den Sakramenten hatte er ihr, wie ich von dem Priester erfuhr, der Steven in Cincinnati begleitete, noch auf dem Totenbett mit einem Lächeln gesagt: „Das ist mein Geschenk an dich."

Krebs

Leiden in Gemeinschaft mit dem Herrn

Während meiner gesamten Amtszeit habe ich mich auf Jesus ausgerichtet – auf seine Botschaft, die Stationen seines Lebens, seine Beziehung zur Welt. Jetzt richte ich mich mehr als je zuvor auf sein Kreuz aus, auf sein Leiden, genauer: auf sein erlösendes Leiden, das Leben schenkt.

Jesus war Mensch. Er fühlte den Schmerz wie wir. Er litt auf vielerlei Weise, und zwar viel tiefer, als wir es je begreifen können. Aber dabei hat er das menschliche Leid in etwas Größeres verwandelt: Er nahm es als Gelegenheit, bei den Bedrängten zu sein und sich selbst leerzumachen, so daß sein liebender Vater noch mehr durch ihn wirken konnte.

Wenn wir auf das Kreuz schauen und uns vergegenwärtigen, wie Menschen konkret an diesem Geheimnis teilhaben, treten viele Aspekte zutage. Ich will nur einen herausgreifen. Ganz wesentlich gehört zum Geheimnis des Kreuzes, daß es eine eigentümliche Einsamkeit hervorruft: Man weiß nicht mehr, wie es weitergeht; man erkennt nicht, daß letztlich alles zum Guten gereichen wird und daß wir in Wahrheit keineswegs allein sind.

Dieses Gefühl der Verlassenheit, diese extreme Erfahrung von Einsamkeit wird offenbar im Schrei Jesu: „Mein Gott, mein Gott, warum hast du mich verlassen?" (Mt 27,46). Wenn der Herr Schmerz und Leid erfahren hat, können wir, seine Jünger, uns dann etwas anderes erwarten? Nein! Wie Jesus müssen auch wir mit dem Leid rechnen. Aber es gibt einen entscheidenden Unterschied zwischen dem Leiden seiner Jünger und dem Leiden derer, die nicht Jünger des Herrn sind: Als Jünger leiden wir in Gemeinschaft mit dem Herrn. Und das ist ein himmelweiter Unterschied. Allerdings hebt diese Gemeinschaft die Einsamkeit, das Gefühl der Verlassenheit, nicht ganz auf – ebensowenig, wie es Jesus erspart blieb.

Wenn wir das Leiden nicht nur als unabwendbares Geschick verstehen, sondern als ein Geschehen, das zu etwas dient und erlösenden Wert besitzt, dann hat das tiefgreifende Auswirkungen auf unseren Dienst an den Menschen, auf unser Dasein für sie. Das Leiden, das nun einmal eine Gegebenheit ist, stellt uns in diesem Dienst auf eine harte Bewährungsprobe – aus einem ganz einfachen Grund: Wenn wir mit Menschen zusammenkommen, die leiden, erleben wir oft unsere Ohnmacht. Das einzige, was wir tun können, ist, ihnen nahe zu sein, mit ihnen zu gehen, wie der Herr mit uns geht. Es ist eine frustrierende Erfahrung, und zwar deshalb, weil wir allzu gerne die „Macher" wären. Wir möchten nicht nur unser eigenes Schicksal in die Hand nehmen, sondern auch über das der anderen bestimmen. Zwangsläufig sind wir niedergeschlagen, wenn wir für einen leidenden Menschen nichts anderes tun können, als einfach dazusein, mit ihm zu beten, anders gesagt: zum stummen Zeichen der Nähe und Liebe Gottes zu werden.

Und doch ist gerade die Fähigkeit, eine solche vom Gebet getragene Antwort anzubieten, der Schlüssel zum Geheimnis des Leidens. Denn letztendlich führt unsere Teilhabe am Paschageheimnis, das heißt an Jesu Leiden,

Tod und Auferstehung, zu einer gewissen Freiheit: zur Freiheit, loszulassen, uns dem lebendigen Gott zu überlassen, uns ganz in seine Hände zu geben – im Wissen, daß er sich am Ende durchsetzen wird. Je mehr wir hingegen an uns selbst oder an anderen hängen und versuchen, selbst unser Schicksal zu bestimmen, desto mehr kommt uns der eigentliche Sinn unseres Lebens abhanden, desto mehr bedrückt uns die Vergänglichkeit aller Dinge. Gerade im Loslassen, im Eintreten in die vollkommene Gemeinschaft mit dem Herrn, in der Bereitschaft, ihm das Ruder zu überlassen, entdecken wir unser wahres Ich. In der vertrauensvollen Hingabe erfahren wir Erlösung, Leben, Frieden und Freude – auch inmitten von körperlichem und seelischem Leid oder geistlicher Not.

Das ist die Lektion, die wir zuerst selbst von Jesus lernen müssen, bevor wir sie anderen vermitteln können. Das Geheimnis von Jesu Leiden, sein Wert und der darin gründende Friede müssen Teil unseres eigenen Lebens werden, bevor wir Werkzeuge in den Händen des Herrn sein können.

Wenn wir als Christen so lieben wollen, wie Jesus liebte, müssen wir uns mit dem Leiden auseinandersetzen. Wie Jesus können auch wir nicht auf kühle Distanz zu unseren Mitmenschen gehen. Unsere Lebensjahre als Christen werden Jahre des Leidens für und mit anderen Menschen sein. Wie Jesus lieben wir die anderen nur, wenn wir mit ihnen durch das Tal der Dunkelheit gehen – das dunkle Tal der Krankheit, das dunkle Tal moralischer Verstrickungen, das dunkle Tal unterdrückender Strukturen und verwehrter Rechte.

* * *

Neues Leben

Nach den Ereignissen des vergangenen Jahres, die mich tief bewegt und mein Leben verändert hatten, begann ich das Jahr 1995 als befreiter Mensch. Eine große Last war mir von den Schultern gefallen, und ich fühlte mich freier als je zuvor. Manchmal verspürte ich den Wunsch, über die Zeit der Anklage zu schreiben. Doch nach vielem Beten beschloß ich, mein Leben einfach weiterzuleben. Die Gnade Gottes hat mir geholfen, diese Prüfung zu überstehen und tiefer zu begreifen, was es heißt, selbst denen zu vergeben, die einem am meisten weh getan haben. Während dieser Monate war ich von mir selbst freier denn je geworden, so daß Gott stärker zum Zug kommen konnte. Die Versöhnung mit Steven Cook, die mich mit neuem Leben erfüllte, und seine Bitte, ich sollte unsere gemeinsame Geschichte bekannt machen, waren dafür Beweis genug. Es war an der Zeit, all das, was ich aus dieser Erfahrung gelernt hatte, zu verinnerlichen und meinen Dienst mit neuer Kraft und neuem Vertrauen fortzusetzen.

Freunde und Mitarbeiter bemerkten den Wandel und gaben ihre Kommentare zu der Fülle an Arbeit, an die ich mich heranmachte. Zum ersten Mal seit fast einem Jahr konnte ich wieder Projekte in Angriff nehmen, die ich zurückgestellt oder aufgegeben hatte. Froh über die neugewonnenen Kräfte, mußte ich mich nun darauf vorbereiten, das dichte Programm der nächsten Monate anzugehen.

Zwischen Januar und März unternahm ich drei Reisen ins Ausland. Zuerst stand eine Reise auf die Philippinen an. Dort nahm ich an der ersten internationalen Zusammenkunft der „Religiösen Vereinigung gegen die Pornographie" (*Religious Alliance Against Pornography, RAAP*) teil. Diese Organisation, die ich mitbegründet hatte und deren Vorstand ich angehörte, hatte in den USA in der Sensibilisierung der Öffentlichkeit für das schreckliche Übel der Kinderpornographie erste Erfolge verzeichnen können. Menschen aus anderen Ländern hatten sich hilfesuchend an uns gewandt, so daß wir beschlossen, eine internationale Konferenz abzuhalten. Wir wählten Manila als Tagungsort, da gerade am Rand des Pazifiks Kindesmißbrauch, Kinderpornographie und Kinderprostitution so weit verbreitet sind. Die Tagung verlief recht erfolgreich.

Im Februar flog ich nach Australien und Neuseeland. Einige Bischöfe hatten mich gebeten, eine Reihe von Vorträgen über verschiedene kirchliche Themen zu halten, etwa über die Zukunft der Kirche im dritten Jahrtausend, über die Jugend und ihre Beziehung zur Kirche, über das Thema „Toleranz in Gesellschaft und Kirche" oder über eine kohärente Ethik des Lebens. Ich freute mich sehr, zum ersten Mal diese beiden Länder besuchen zu können, und es war ein sehr schönes Erlebnis. Zum Glück hatte ich zwischen den Vorträgen ein wenig freie Zeit, so daß ich auch etwas von diesen Ländern zu sehen bekam. Während ich herumreiste, dankte ich Gott fortwährend für die neuen Kräfte und die erneuerte Hingabe an meinen Dienst.

Zum Höhepunkt wurde dann im März eine Reise nach Israel, meine erste Reise ins Heilige Land. Ich begleitete eine Delegation von Katholiken und Juden aus Chicago; zusammen wollten wir die mehr als 25 Jahre Dialog zwischen der katholischen und der jüdischen Gemeinschaft in Chicago feiern. Wir hofften, durch den gemeinsamen Besuch von Israel, der West Bank und des Gazastreifens einander an der Erfahrung teilhaben zu lassen, die Stätten unserer Ursprünge mit eigenen Augen zu sehen. Und wir wollten ein Zeugnis geben, wie Juden und Christen miteinander auskommen können.

Am 20. März, nur wenige Stunden vor der Abfahrt zum Flughafen, ordinierte ich noch drei neue Weihbischöfe in der Holy-Name-Cathedral. Nach dieser wunderbaren Zeremonie trat ich die Reise an, die ein außergewöhnliches Ereignis werden sollte. Das Interesse der Medien war außerordentlich; die wichtigsten Fernsehsender, Zeitungen und Radiosender informierten in der Heimat darüber. Die Berichte fielen sehr positiv aus. Während der zehntägigen Reise hatten wir Begegnungen mit dem römisch-katholischen Patriarchen von Jerusalem, Michel Sabbah, mit dem israelischen Präsidenten Ezer Weizman, mit Premierminister Yitzhak Rabin, Außenminister Shimon Peres, dem Bürgermeister von Bethlehem, Elias Freij, dem griechisch-orthodoxen Patriarchen Diodorus I., mit Yasir Arafat, mit dem Apostolischen Nuntius, Erzbischof Cordero Lanza Di Montezemolo Andrea, und mit dem Bürgermeister von Jerusalem, Ehud Olmert. Manchmal gab es Spannungen in den Gesprächen, aber insgesamt wurden wir sehr gut aufgenommen.

Diese Reise ins Heilige Land war so überwältigend, daß ich beschloß, eines Tages ganz privat als Pilger zurückzukehren. Aufgrund der vielen öffentlichen Auftritte – immer im Rampenlicht der Medien – hatte ich keine Möglichkeit, länger an den Orten zu verweilen, wo Jesus lebte und lehrte. Darum nahm ich mir fest vor, dies ein anderes Mal nachzuholen, doch jetzt ist es nicht mehr möglich. Ich koste die Erinnerungen und Empfindungen an das Wenige aus, was ich von den Orten gesehen habe, wo Jesus gelebt und gelehrt hat und gestorben ist. Das läßt mich die Heilige Schrift und ihre Bilder besser verstehen.

Als wir aus Israel zurück waren, bereitete ich mich auf Ostern vor. Es paßte so gut, gerade zu diesem Zeitpunkt meines Lebens das Geheimnis von Jesu Tod und Auferstehung zu feiern. Auch ich war „auferstanden": aus den Tiefen einer schwerwiegenden Beschuldigung. Das Geheimnis von Jesu Sieg über den großen Schmerz und Kummer am Ende seines Lebens war mir jetzt viel einsichtiger. Wie ich es schon so oft getan hatte, verbrachte ich die ruhigen Morgenstunden der Tage bis Ostern damit, inständig darum zu beten, daß ich Jesus tiefer verstehe, damit meine Arbeit als Priester und Bischof fruchtbarer würde.

Das hektische Tempo meines Dienstes hielt auch im Mai und Juni an. Der Juni war übervoll mit Terminen, aber ich war sicher, daß ich diesen Rhythmus beibehalten konnte, weil ich ja im Juli in Urlaub gehen würde. Ich hatte vor, nach Norditalien zu meinen Verwandten zu fliegen. Aber Anfang Juni zeigte Gott mir, daß er andere Pläne mit mir hatte.

Diagnose: Krebs

Am Samstag, 3. Juni, bemerkte ich eine leichte Verfärbung meines Urins. Ich schenkte dem keine weitere Beachtung, weil ich dachte, es würde wohl am Essen liegen. Am Sonntag und Montag war es aber genauso. Am Montag feierte ich am Spätnachmittag eine Messe für den Generalkonsul in Chicago am Erzbischöflichen Quigley-Seminar. Nach der Messe und dem Empfang ging ich mit meinem Freund Pater Scott Donahue zum Abendessen aus. Als wir kurz nach 22 Uhr zur Wohnung zurückkamen, erzählte ich ihm ganz nebenbei von der Verfärbung. Sofort sagte er: „Du solltest lieber einen Arzt aufsuchen." Meine Antwort muß ihn nicht davon überzeugt haben, daß ich tatsächlich einen Termin ausmachen würde; jedenfalls meinte er entschieden: „Ich verlasse das Haus heute abend nicht, bis du den Arzt angerufen hast."

Ich rief meinen Hausarzt Dr. Warren Furey an, der im Mercy-Hospital in Chicago als Chefarzt arbeitet, und teilte ihm die Sache mit. Für den nächsten Tag vereinbarten wir einen Termin zur Urinuntersuchung in seiner Praxis im Northwestern Memorial-Hospital, das nur einen Häuserblock von meinem Büro im Seelsorgezentrum der Erzdiözese entfernt liegt. Er sagte, daß er selbst nicht da sei; eine Krankenschwester werde sich um alles kümmern.

Am nächsten Morgen vergaß ich, ehrlich gestanden, meinen Termin. Ich dachte erst wieder daran, als meine Sekretärin, Schwester Ann McCahill, mir mitteilte, daß die Person, mit der ich mich für 11 Uhr verabredet hatte, den Termin absagen mußte. Erst jetzt kam mir der Urintest wieder in den Sinn.

Ich ging in aller Ruhe und Gelassenheit hinüber zum Northwestern Hospital. Es war ein herrlicher Sommertag, und es tat gut, für ein paar Minuten aus dem Büro herauszukommen. Die Krankenschwester begrüßte mich, führte den Test durch und sagte mir, daß die Praxis die Ergebnisse durchgeben würde. Ich kehrte ins

Büro zurück, vergaß den Test und arbeitete bis 17 Uhr weiter.

Als ich gerade nach Hause gehen wollte, kam Schwester Ann hinter mir hergerannt. „Dr. Furey ist am Apparat, er möchte mit Ihnen sprechen. Es sei sehr wichtig." Ich ging zurück ins Büro, nahm den Hörer und sagte: „Warren, ich nehme an, Sie haben das Ergebnis?" „Ja", erwiderte er, „wir haben Bilirubin in Ihrem Urin gefunden." „Warren", scherzte ich, „wer ist Billy Ruben, und was macht er in meinem Urin?"

Doktor Furey erklärte mir, daß Bilirubin oft auf eine Störung hinweise und bat mich, zu weiteren Untersuchungen ins Mercy-Hospital zu kommen. Ich sagte ihm, daß ich am nächsten Tag, Mittwoch, ab 6 Uhr morgens nicht mehr in der Stadt sei, da ich in St. Paul in Minnesota eine Messe mit Predigt für die katholische Gesundheitsvereinigung zu halten hätte. „Dann kommen Sie am Donnerstag", sagte er. „Wie sieht es da aus?" Ich erwiderte ihm: „Ab 9 Uhr habe ich pausenlos Termine." „Kein Problem", erwiderte er, „geben Sie mir anderthalb Stunden. Kommen Sie um 7.30 Uhr, dann sind Sie um 9 wieder im Büro."

Am Donnerstagmorgen um 7.30 Uhr fuhr ich mit meinem Freund Msgr. Kenneth Velo zum Mercy-Hospital. Ich kehrte jedoch nicht vor 18 Uhr nach Hause zurück! Alle Verabredungen für diesen Tag mußten gestrichen werden. Ich konnte, genauso gut wie Ken, am Gesichtsausdruck von Dr. Furey ablesen, daß etwas nicht in Ordnung war. Sie machten eine Computertomographie sowie Bluttests, die darauf hinwiesen, daß etwas Ernstes vorlag. Zu dem Zeitpunkt wußten sie noch nicht genau, worum es sich handelte, doch sie hatten einen bestimmten Verdacht. Dr. Furey rief einen Kollegen im Northwestern Memorial-Hospital an und fragte, ob er sofort eine Bauchspeicheldrüsen-Endoskopie vornehmen könne. Der Kollege bejahte. Gegen 14 Uhr kamen wir dort an. Ich lächelte immer noch und ging guten Mutes in die Untersuchung, die unter Narkose durchgeführt wurde. Die Ärzte führten das Röhrchen ein, und schon bald hatten sie Gewißheit, daß es sich um eine krebsartige Geschwulst handelte. Zwei Stunden später wachte ich auf. Vor mir standen Dr. Furey, Dr. Robert Craig vom Northwestern Hospital, viele weitere Assistenzärzte und Ken. Ich merkte, wie ernst sie aussahen, und fragte: „Nun, was ist los?"

Sobald ich die Frage gestellt hatte, überkam mich ein tiefes Gefühl der Hilflosigkeit. Ich hatte mein Leben nach der unberechtigten Anklage wieder in die Hand genommen, und nun lag ich hier und fragte jemand anderen nach meinem Leben, meinem Körper. Wenn ich mich heute an diesen Augenblick erinnere, denke ich an Gott und seinen Plan mit mir. Ich denke auch an andere, die voller Angst darauf warten, vom Arzt zu hören, welches Schicksal sie erwartet. Jetzt bin ich mir bewußt, daß ich in dem Moment, in dem ich Dr. Furey bat, mir den Befund mitzuteilen, alles loslassen mußte. Wieder einmal. Gott lehrte mich ein weiteres Mal, wie wenig wir über uns selbst verfügen und wie wichtig es ist, ihm zu vertrauen. In diesem Augenblick brauchte ich Gott, wie ich ihn nie zuvor gebraucht hatte.

„Sie haben einen Tumor in der Bauchspeicheldrüse", sagte Dr. Furey. „Oh?" erwiderte ich, „Und wie groß ist die Wahrscheinlichkeit, daß er bösartig ist?" Ohne mit der Wimper zu zucken, antwortete der Arzt: „Mindestens 99 Prozent." „Dann sieht's schlecht für mich aus!" Ich sprach laut aus, was alle wußten: „Ja, es steht gar nicht gut um Sie", bestätigten sie.

Wir trafen alle Vorbereitungen, damit ich am nächsten Tag, einem Freitag, ins Mercy-Hospital zurückkehren konnte. Dr. Furey erklärte mir, welcher Eingriff vorgenommen wird, wenn ein solcher Tumor rechtzeitig entdeckt wird. Dann erkundigte er sich, welche Krankenhäuser und Ärzte darauf spezialisiert sind, und er versicherte mir, daß ich die beste Behandlung erhalten würde. „Nach meinen Informationen ist Dr. Gerard Aranha im Loyola Medical Center in Maywood, Illinois, ein hervorragender Spezialist. Es dürfte keinen besseren geben." Ich war erleichtert, daß ich den Eingriff nicht zu weit von zu Hause entfernt vornehmen lassen konnte.

Anschließend fuhr ich mit Msgr. Velo zum Loyola Medical Center. Ich erinnere mich genau, wie wir uns dem Ziel näherten und das große Hinweisschild mit der Aufschrift „Loyola University Cancer Center" sahen. „Krebszentrum" ... – Ich hatte immer Angst vor Krebs gehabt und oft gezögert, das Wort zu gebrauchen. Ich fragte Ken: „Bist du dir sicher, daß wir hier richtig sind?" „Ich fürchte ja", erwiderte er. Wir gingen hinein und sprachen mit Dr. Aranha und Dr. Richard Fisher, dem Leiter des Zentrums. Sie teilten mir mit, daß sie nach der „Whipple-Methode" operieren müßten, was mir gar nichts sagte. Daraufhin erklärten sie mir, worum es sich handelte. Dann sagte Dr. Aranha: „Wenn Sie Glück haben, wird es ein langer Eingriff sein. Wenn Sie kein Glück haben, wird er sehr kurz sein." Auf meine Frage, wann der Eingriff stattfinden sollte, riet er mir dringend:

„Je früher, desto besser – am besten gleich am Montagmorgen." Ich willigte ein, Sonntagabend ins Krankenhaus zu kommen, um für den Eingriff am Montagmorgen bereit zu sein.

Exkurs: Mein Vater

Je mehr ich die schreckliche Tatsache, daß ich Krebs hatte, akzeptierte, desto mehr dachte ich an meinen Vater Giuseppe (Joseph) Bernardin. Er starb 1934 an Krebs – nur sieben Jahre, nachdem er meine Mutter, Maria, geheiratet hatte. Ich war damals sechs Jahre alt, meine Schwester Elaine zwei. Vom Tag seiner Beerdigung an lebten und arbeiteten wir drei zusammen und versuchten, einigermaßen über die Runden zu kommen. Zur Ehre meines Vaters hielten wir an seinen Hoffnungen und Träumen fest, die ihn und meine Mutter nach Amerika geführt hatten: Meine Eltern hatten ihre Heimatstadt Tonadico di Primiero in Norditalien verlassen, um in Columbia, South Carolina, ein neues Leben zu beginnen.

Seit meiner Kindheit wußte ich, daß Krebs das Leben verändert – nicht nur das Leben des Betroffenen, sondern auch das der Freunde und Familienmitglieder, die ihn lieben und sich um ihn sorgen.

Heute denke ich oft an meinen Vater: Er war ein tapferer Mann, der in großer Würde mit seiner Krebserkrankung lebte. In lebhafter Erinnerung ist mir vor allem die Liebe geblieben, die er unserer Familie selbst in den schlimmsten Tagen seiner Krankheit durch viele Zeichen bekundete.

Ein Ereignis, an das ich mich besonders erinnere, möchte ich kurz erzählen. Ich war vier oder fünf Jahre alt. Es war Sommer, und unsere Familie war bei Freunden zu Besuch. Mein Vater hatte sich gerade einer Krebsoperation an der linken Schulter unterziehen müssen und trug eine Bandage unter dem weißen kurzärmeligen Hemd. Ich saß auf dem Metallgeländer der Veranda. Plötzlich fiel ich rückwärts zu Boden und fing an zu weinen. Mein Vater sprang sofort über das Geländer und hob mich auf. Als er mich in den Armen hielt, sah ich, daß Blut durch sein Hemd sickerte. Er dachte nicht an sich; ihn interessierte nur, ob mir nichts passiert war.

In seiner Fähigkeit, nicht um seine Krankheit zu kreisen, sondern sich mit seiner Familie und seinen Freunden freuen zu können, ist mir mein Vater jetzt, da ich in einer ähnlichen Situation bin, ein Vorbild. Ich bin ihm dankbar für das, was er mich gelehrt hat, als ich klein war. Heute weiß ich, daß er auf mancherlei Weise in mir lebendig ist – mehr, als ich mir je hätte vorstellen können.

Meine „Familie" soll Bescheid wissen

Nachdem ich mein Einverständnis zu dem Eingriff gegeben hatte, sagte ich den Ärzten: „Da ist noch etwas, was Sie tun müssen: Halten Sie bitte eine Pressekonferenz, und sagen sie den Leuten – meiner Familie – das gleiche, was Sie mir gesagt haben." „Wollen Sie das wirklich? Sind Sie sich da sicher?" fragten sie mich. „Ja", erwiderte ich, „ich weiß, daß Sie der Schweigepflicht unterliegen. Aber ich entbinde Sie davon. Ich kann mich nicht operieren lassen, ohne es den Leuten mitzuteilen.

Vor allem, weil sie meiner Meinung nach ein Recht haben, es zu erfahren, und es ist meine Pflicht, es ihnen zu sagen. Außerdem brauche ich ihr Gebet. Und weiß der Himmel, was die Medien alles berichten werden, wenn sie dann doch erfahren, daß ich hier im Krankenhaus bin und mich einer achtstündigen Operation unterziehe!"

Noch am selben Tag, am 9. Juni, fand nachmittags im Seelsorgezentrum die erste Pressekonferenz über meinen Gesundheitszustand statt. Schwester Mary Brian Costello, meine Chefsekretärin, erholte sich gerade von einem größeren Eingriff im Mercy-Hospital. So mußte Bischof Raymond Goedert, unser Generalvikar, schnell von Belleville/Illinois, wo er Priesterexerzitien hielt, nach Chicago zurückkehren. Bischof Goedert teilte den Journalisten mit, daß man bei mir Bauchspeicheldrüsenkrebs diagnostiziert habe. Dann erklärte Dr. Furey die medizinischen Einzelheiten und antwortete auf Fragen.

Diese Pressekonferenz war die erste von vielen. Die Leute des Erzbistums Chicago und darüber hinaus erfuhren mehr über mein „Inneres", als sie über ihr eigenes wußten. Als ich die Aufzeichnung der ersten Pressekonferenz sah, der ich selbst nicht beiwohnen konnte, war mir, als ob ich mich in einer gänzlich unwirklichen Welt befände. Auf anschauliche Weise wurde mir erläutert, daß ich eine sehr aggressive Art von Krebs hätte. Weiterhin erfuhr ich, daß meine Überlebenschancen für die nächsten fünf Jahre 1:4 oder 1:5 stünden. Am Wochenende vor der stationären Aufnahme hatte ich Vorkehrungen zu treffen, um Bischof Goedert die Verantwortung für die Erzdiözese zu übergeben. Immer wieder mußte ich mich selbst vergewissern, ob das alles wirklich wahr wäre. Aber ich war guter Dinge. Irgendwie gab der Herr mir die Kraft, die ich brauchte.

Ich rief meine Familie an, zuerst meine Schwester, Elaine Addison, die sofort nach Chicago kommen wollte. Den ganzen Samstag und Sonntag bemühte ich mich sicherzustellen, daß für alles in der Erzdiözese gesorgt war, um für die Operation bereit zu sein. Ungefähr eine Stunde bevor ich am Sonntagnachmittag zum Krankenhaus aufbrach, rief Papst Johannes Paul II. an. Er sagte, er habe von dem Eingriff gehört und wolle mich wissen lassen, daß er mit allen im Haus für mich bete. Dann sprach der Heilige Vater über den erlösenden Charakter des Leidens. Ich versicherte ihm, daß ich alles Leid, das auf mich zukäme, für ihn, für die Weltkirche und auch für die Ortskirche, die Priester und die Menschen in unserer Erzdiözese aufopfern wolle. Nach dem Anruf verließen Ken Velo und ich die Wohnung und fuhren zum Loyola Center.

Es ist unnötig zu erwähnen, daß wir bei der Ankunft am Krankenhaus schon von Journalisten erwartet wurden. Am Eingang hielt ich eine improvisierte Pressekonferenz. Eine der ersten Fragen lautete: „Herr Kardinal, was war für Sie schwieriger und traumatischer: die falsche Anklage oder die Diagnose Krebs?" Ich antwortete sofort: „Die falsche Anklage." Sie baten um eine Erklärung, worauf ich ihnen sagte, daß die Anklage Frucht des Bösen gewesen sei. Es sei ein Angriff auf meine Integrität gewesen, und hätte die Sache länger gedauert, wären meine Glaubwürdigkeit und die Möglichkeit, mein Amt auszuüben, ruiniert gewesen. Krebs hingegen, so sagte ich, ist eine Krankheit. Er enthält kein moralisches Übel. Er ist Teil der menschlichen Beschaffenheit. Deshalb war die Diagnose, so schlimm sie auch war, für mich persönlich bei weitem nicht so traumatisch wie die Anklage.

Der Eingriff

Nach der Aufnahme ins Krankenhaus mußte ich mich zunächst einer Reihe von Untersuchungen unterziehen. Mit Ken vereinbarte ich, am nächsten Morgen früh aufzustehen, um die Messe zu feiern. Er konnte mit mir im Krankenhaus bleiben und bezog ein Zimmer gegenüber von meinem. Dort richtete er einen kleinen behelfsmäßigen Altar her. Selbstverständlich wollte ich mich geistlich auf das einstellen, was mich während des Eingriffs erwartete, und so war es mir sehr wichtig, an dem Morgen die Eucharistie zu feiern und tiefer in die Gemeinschaft mit dem Herrn einzutreten.

Da ich um 6.30 Uhr in den Operationssaal gebracht werden sollte, hatte ich die Messe auf 5.30 Uhr gelegt. Um 6 Uhr kam meine Schwester zusammen mit Bischof Goedert und Pater Donahue. Es herrschte eine recht gelöste Atmosphäre. Dann wurde es 6.30 Uhr, aber niemand kam. Die Spannung begann zu steigen, während die Uhr weitertickte. Um 7.15 Uhr war uns der Gesprächsstoff ausgegangen. Ken sagte: „Entschuldige mich bitte für ein paar Minuten." Er kehrte bald mit einem breiten Grinsen auf dem Gesicht zurück und sagte: „Keine Sorge, Herr Kardinal, der Arzt ist auf dem Weg. Er hat sich ein bißchen verspätet. Er ist letzte Nacht wegen Alkohol am Steuer von der Polizei in Gewahrsam genommen worden." Sein Humor brach das Eis. Wir begannen alle zu lachen, und so wurde ich in den Operationssaal gebracht.

Das Nächste, woran ich mich erinnern kann, war der Aufwachraum. Als ich meine Augen öffnete, war Ken da. Er zögerte und sagte schließlich: „Herr Kardinal, es war ein sehr langer Eingriff." Ich erwiderte: *„Deo gratias:* Gott sei Dank!" Dann schlief ich wieder ein.

Ich verbrachte nur eine Nacht auf der Intensivstation. Dann brachte man mich auf mein Zimmer zurück. Die unangenehmen Nachwirkungen, die ein so großer Eingriff mit sich zu bringen pflegt, machten mir zu schaffen. Ich wollte beten, aber das körperliche Unwohlsein war zu stark. Ich weiß noch, wie ich zu Freunden, die mich besuchten, sagte: „Betet, solange es euch gut geht; denn wenn ihr wartet, bis es euch schlecht geht, kann es sein, daß ihr dazu nicht mehr in der Lage seid." Erstaunt schauten sie mich an. Ich erwiderte: „Ich fühle mich so unwohl, daß ich mich einfach nicht auf das Gebet konzentrieren kann. Mein Glaube ist immer noch da, daran hat sich nichts geändert. Aber zum Beten sind die Schmerzen zu stark. Ich werde mir gut merken, daß ich beten muß, wenn es mir gut geht."

Seit dieser Erfahrung ist das Beten für mich wichtiger denn je geworden. Ich habe die Momente ausgekostet, in denen der körperliche Schmerz nachließ und ich mich mit Leib und Seele und mit meinem ganzen Verstand auf den Herrn konzentrieren konnte. Es ist wichtig, sich daran zu erinnern, daß das Gebet ein vitaler Teil unseres Lebens als Christen, als Gläubige ist. Doch so vieles hindert uns daran, aus ganzem Herzen und mit unserem ganzen Verstand zu beten. Die täglichen Ereignisse des Lebens schieben sich immer wieder dazwischen. Und wenn wir krank werden, ändert sich schlagartig alles. Immer öfter „ertappe" ich mich dabei, daß ich Priestern und Gemeindemitgliedern rate, gerade in Zeiten, in de-

nen es ihnen gut geht, ein tiefes Gebetsleben zu entwik-
keln, damit sie in schlechteren Zeiten einen Halt haben.

Exkurs: Meine Mutter

Ich habe bereits erwähnt, wie eng ich mich jetzt meinem
Vater verbunden weiß. Die Art, wie er mit seinem Krebs
gelebt hat, hat mir wesentliche Anstöße für den Umgang
mit meiner Erkrankung gegeben. Bevor ich auf die nächste Etappe eingehe – die Anfänge eines besonderen
Dienstes, der unmittelbar mit meinem Krebs verbunden
ist –, möchte ich etwas über meine liebe Mutter, Maria
Simion Bernardin, erzählen. Sie ist fast 92 Jahre alt und
lebt in einem nahegelegenen Altenheim der Kleinen
Schwestern der Armen.

Nach dem Tod meines Vaters arbeitete meine Mutter
als Näherin, um den Lebensunterhalt für Elaine und
mich bestreiten zu können. Sie war für uns sowohl Mutter als auch Vater. Ihre Stärke, nicht nur in meiner Kindheit, sondern während meines ganzen Lebens, hat mich
Wichtiges gelehrt: Harte Arbeit zahlt sich aus; Liebe
beinhaltet Hingabe und Selbstlosigkeit. Diese und viele
andere Tugenden sind entscheidend für ein gutes Fami-
lienleben.

Zu meinen liebsten Kindheitserinnerungen gehören
die Stunden, in denen ich in dem Fotoalbum blätterte,
das meine Mutter aus Italien mitgebracht hatte. Gewöhnlich setzte sie sich zu mir und erzählte mir zu den
Bildern Geschichten von Land und Leuten. Als ich 1957
zusammen mit meiner Mutter und meiner Schwester
zum ersten Mal Tonadico besuchte, war ich 29 Jahre alt.
Ich war selbst überrascht, daß ich mich dort sofort hei-

misch fühlte. Aufgrund der Fotos hatte ich den Eindruck, früher schon einmal dort gewesen zu sein. Noch oft bin ich nach Tonadico gefahren, und jedesmal fühlte ich mich wie zu Hause.

Meiner Mutter war es wichtig, in Elaine und mir den Sinn für die Familie zu schärfen. Ich habe es immer als einen Segen empfunden, daß ich aus einer liebevollen Familie komme, und mein Herz schlägt für die, die diese Erfahrung nicht haben machen können. Freilich teile ich die Überzeugung meiner Mutter, daß die Familie über den Kreis der Blutsverwandten hinausreicht. Familie meint die menschliche Gemeinschaft, die christliche Gemeinschaft. Wir müssen lernen, einander wie in einer Familie zu lieben. Wie in jeder Familie haben wir Meinungsverschiedenheiten, aber letzten Endes gehören wir doch alle zusammen.

Während meines Krankenhausaufenthaltes und der anschließenden Behandlungen und Nachuntersuchungen habe ich unzählige Male erlebt, wie Familienangehörige und Freunde für ihre Lieben, die Krebs oder andere Krankheiten hatten, sorgten. Auf ihren Gesichtern sah ich die gleiche Entschlußkraft wie bei meiner Mutter, als sie für meinen Vater und nach seinem Tod für uns Kinder sorgte.

Es ist hart, Menschen, die man liebt, leiden zu sehen. Aber wir glauben gar nicht, wie viel es ausmacht, wenn wir stark sein und ihnen beistehen können. Als ich anfing, mich anderen Krebspatienten oder Schwerkranken zu widmen, habe ich Gott für alles gedankt, was meine Mutter mir durch ihre Stärke und Güte vermittelt hat.

Mein Dienst an Krebspatienten beginnt

Eine der augenfälligsten Auswirkungen einer Krankheit, so habe ich immer wieder festgestellt, besteht darin, daß sie den Menschen in sich verschließt. Wenn wir krank sind, neigen wir dazu, uns auf unseren eigenen Schmerz zu konzentrieren; es kann sein, daß wir uns selbst bemitleiden oder depressiv werden. Doch Jesus sagt uns, daß wir im Leiden frei von uns selbst und von Gottes Gnade und Liebe erfüllt werden können. Wenn wir uns auf diese Botschaft besinnen, können wir anfangen, an andere Menschen und ihre Nöte zu denken. Und dann wird es uns zu einem inneren Anliegen, sie in ihrem Leiden und ihrer Bedrängnis zu begleiten.

Während meiner Rekonvaleszenz und der Krankenhausaufenthalte für die anschließende Chemotherapie und Bestrahlung begann mein Dienst an Krebskranken, von dem ich so oft gesprochen habe. Auf diesen besonderen Dienst an Krebspatienten und anderen Kranken werde ich später ausführlicher eingehen; hier möchte ich nur erzählen, wie alles angefangen hat.

Ungefähr einen Tag nach dem Eingriff mußte ich aufstehen und mit Hilfe einer Krankenschwester ein bißchen laufen, zuerst in meinem Zimmer und dann im Flur. Ich ging mit meinem Infusomaten, einem „Baum auf Rädern", auf und ab. Während ich meine Runden drehte, erzählten mir die Krankenschwestern von der kleinen Amanda, die auf einer anderen Station lag und an Leukämie erkrankt war. Sie hatte die Berichterstattung über meine Operation im Fernsehen verfolgt und ihrer Mutter gesagt, daß sie den „Papstmann" sehen möchte: „Ich bin nicht katholisch, aber er und ich, wir haben beide Krebs. Ich möchte diesen Papstmann sehen!" Da man mir nicht erlaubte, meine Station zu verlassen, schickte ich ihr von den vielen Geschenken, die ich erhalten hatte, einen Teddybären und einen Strauß Blumen.

Glücklicherweise konnte ich mit anderen Patienten auf meiner Station zusammenkommen. Ich schaute einfach bei Leuten herein, wobei ich jedesmal das Gewirr von Schläuchen mitzog. Im Zimmer nebenan lag eine liebenswürdige junge Frau, die inzwischen verstorben ist. Sie war an einer sehr schweren Form von Leukämie erkrankt und mußte sich schließlich einer Behandlung unterziehen, die völlige Isolation erforderte. Sie hatte zwei hübsche Kinder, einen kleinen Jungen und ein kleines Mädchen. Natürlich wollte sie so viel Zeit wie möglich mit ihnen verbringen. Als ich sie besuchte – es war der erste einer Reihe von Krankenbesuchen –, saßen die Kinder bei ihr auf dem Bett, jedes an einer Seite. Nachdem ich das Krankenhaus verlassen hatte, hielt ich weiterhin Kontakt mit ihnen, und als die Mutter gestorben war, konnte ich zur Totenwache kommen.

Ein anderer Patient, den ich besuchte, war ein junger Vater. Er war ein freundlicher Mann, dem gerade die Diagnose „Krebs" gestellt worden war. Ich führte einige gute Gespräche mit ihm. Doch die Geschichte nahm ein trauriges Ende; er nahm sich, wie ich später erfuhr, das Leben, weil er mit der Sache nicht fertig wurde. Allein der Gedanke, Krebs zu haben, die Vorstellung, was seine Frau und Kinder mit ihm alles durchmachen müßten, war zuviel für ihn. Ich war sehr traurig, als ich davon erfuhr.

Nach meiner Entlassung aus dem Krankenhaus habe ich es beibehalten, Kranke zu besuchen und mich mit ihnen zu unterhalten. Wir halfen uns gegenseitig. Meine kleine Freundin Amanda bekommt immer noch in gewissen Abständen eine Chemotherapie. Als ich vor einigen Wochen zu einigen Blutuntersuchungen im Loyola Center war, hatte sie mir einen wunderschönen Brief hinterlassen, in dem sie mich zum Abendessen einlud. Wir sind gute Freunde geblieben und haben den Briefkontakt aufrechterhalten, und ich kann hinzufügen, daß sich ihre Schrift im letzten Jahr erheblich verbessert hat!

Zuerst Priester,
dann Patient

„Als einer, der dient"

Seelsorglicher Dienst nach dem Beispiel des Guten Hirten ist etwas Einfaches und Tiefes zugleich. Er ist etwas Einfaches, weil er Menschen in ihrem alltäglichen Leben und ihren Nöten betrifft. In jedem Augenblick, an jedem Ort und aus jeglichem Grund kann dieser Dienst geschehen. Zugleich ist er etwas ganz Tiefes; denn die Begegnung geht über die Beteiligten, den Diener und seine Herde, hinaus und führt beide in eine tiefere Beziehung zu Gott.

Als Hirt, als Pastor, setzte Jesus bei den realen Lebenssituationen an. Er wanderte umher; er hatte kein Büro, keine Bürozeiten, keinen Sekretär, keinen Computer und kein Faxgerät. Er zog durch die Straßen und Wege seines Landes und suchte nach den verlorenen Schafen Israels. Aus den verschiedensten Gründen schlossen sich ihm Menschen an. Sie wollten von ihm, daß er ihre Krankheiten heilte, ihre Fragen beantwortete, einen Streit schlichtete, sie mit dem Wort Gottes nährte oder einfach ihre Neugierde stillte. Wichtig dabei ist, daß Jesus ihnen, während er für sie sorgte und ihnen nahe war, die Möglichkeit gab, das göttliche Heil zu erfahren. Das ist die Mitte, der Kern des Hirteseins. Es ist ein authentischer Dienst, durch den die Menschen dem lebendigen Gott begegnen.

Jesu Dienst war nicht systematisch geplant, aber es ist kaum anzunehmen, daß er kein klares Ziel gehabt hätte. Er war ständig überbeansprucht im Dienst an den Bedrängten, aber er hat nie seinen Weg verlassen. Manchmal ging seine Arbeit zu Lasten seines Schlafes, doch nie zu Lasten seines Betens. Jahrelang habe ich mich gefragt, wie er es geschafft hat, seinem Dienst so unbeirrt nachzugehen – trotz der vielen Unterbrechungen und Hindernisse, trotz einer oft chaotischen Welt, der er sich in seinem Leben und Dienst nicht entziehen konnte.

Eines Tages ging mir auf, daß Jesus immer derselbe war – ob er seine Arme öffnete, um ein kleines Kind zu umarmen, oder ob er seine Arme am Kreuz ausstreckte, um die ganze Welt zu umarmen. Er war gekommen, um das Heil des Vaters zu bringen, um der Menschheitsfamilie Liebe zu schenken – einem Menschen nach dem anderen. Er kam zu uns voll ausdauernder Liebe. Deshalb waren die Leute, denen er unterwegs begegnete, nie Unterbrechungen, Zerstreuungen oder Hindernisse. Für ihn waren es Gelegenheiten, seinen Auftrag auszuführen und zu tun, wozu der Vater ihn gesandt hatte. Anderen dienen: das war die Mitte, der tiefste Sinn seines Lebens und Wirkens.

Bevor Jesus am Palmsonntag wie in einem Triumphzug in Jerusalem einzog, bat ihn die Mutter von Jakobus und Johannes, er solle ihren Söhnen in seinem Reich die Ehrenplätze geben. Jesus antwortete: „Wer bei euch der Erste sein will, soll euer Sklave sein. Denn auch der Menschensohn ist nicht gekommen, um sich dienen zu lassen, sondern um zu dienen und sein Leben hinzugeben als Lösegeld für viele" (Mt 20,27f). Beim letzten Abendmahl, in der Nacht vor seinem Tod, sagte Jesus zu seinen Aposteln: „Der Größte unter euch soll werden wie der Kleinste, und der Führende soll werden wie der Dienende. ... Ich aber bin unter euch wie der, der bedient" (Lk 22,26f). Und bei diesem Mahl gab er, so erzählt das Johannesevangelium, seinen Jüngern ein augenfälliges Beispiel des Dienens: Er wusch ihnen die Füße. So sollten auch sie einander die Füße waschen (Joh 13,1-16). Jesus gab ihnen auch ein neues Gebot: „Ein neues Gebot gebe ich euch: Liebt einander! Wie ich euch geliebt habe, so sollt auch ihr einander lieben. Daran werden alle erkennen, daß ihr meine Jünger seid: wenn ihr einander liebt" (Joh 13,34f). Was es bedeutet, einander zu lieben, wie Jesus uns geliebt hat, erklärt er in einer späteren Stelle der Abschiedsreden: „Es gibt keine größere Liebe, als wenn einer sein Leben für seine Freunde hingibt" (Joh 15,13), so wie er selbst es getan hat.

Dienst am Volk Gottes nach dem Beispiel des Guten Hirten steht im Zentrum meines priesterlichen und bischöflichen Dienstes. Aus diesem Grund habe ich „Wie jene, die dienen" als bischöfliches Leitwort gewählt. Es schmückt mein Wappen. Dieses Motto ist dem Dekret des Zweiten Vatikanischen Konzils über die Hirtenaufgabe der Bischöfe in der Kirche entnommen: „Bei der Erfüllung ihrer Vater- und Hirtenaufgabe seien die Bischöfe in der Mitte der Ihrigen wie *Diener* [kursiv geschrieben von mir], gute Hirten, die ihre Schafe kennen und deren Schafe auch sie kennen, wahre Väter, die sich durch den Geist der Liebe und der Sorge für alle auszeichnen ..."

Dieser Dienst ist oft ganz einfach. Wenn ich als Erzbischof zu Visitationen in Pfarreien war, habe ich mich immer darum bemüht, daß die Menschen sich in meiner Gegenwart wohl fühlten. Leider war es nicht möglich, lange in einer Pfarrei zu bleiben. Doch bei Gemeindeempfängen habe ich versucht, mit jedem Augenkontakt aufzunehmen und jedem das Gefühl zu vermitteln, daß er wichtig ist, als ob es in diesem Augenblick nur ihn oder sie gäbe. Das hat offenbar eine große Wirkung ausgeübt. Noch heute erhalte ich viele persönliche Briefe, die etwa so beginnen: „Ich bin Ihnen vor einigen Jahren in meiner Heimatgemeinde begegnet ..."

Wenn man den Augenkontakt sucht, wenn man die anderen davon überzeugt, daß man sich wirklich für sie interessiert, daß sie, auch wenn hundert andere da sind, in diesem besonderen Moment die einzig Wichtigen sind, dann kann man wirkliche Beziehungen aufbauen. Die Menschen gehen mit dem Gefühl nach Hause, daß sie einem persönlich sehr nahe gekommen sind – und sei es nur für einen Augenblick. Sie spüren, daß man sich wirklich für sie interessiert und, was noch wichtiger ist, daß man ihnen auf irgendeine Weise die Liebe, Gnade und das Mitgefühl des Herrn vermittelt hat. Mit anderen Worten, die Begegnung hat auch eine wichtige religiöse Dimension: Sie hilft, das Band, die Beziehung zwischen dem einzelnen und Gott zu festigen.

Auch mein neuer Dienst an Krebspatienten war einfach und tief. Er erwuchs aus den gewöhnlichen Umständen meines täglichen Lebens als Krebspatient und brachte mich sowohl der großen Gemeinschaft von Krebspatienten als auch dem Herrn des Lebens näher. Zugleich entspricht dieser neue Dienst ganz und gar meinem Leben; er gehört innerlich zu meinem Priesteramt. Lassen Sie mich erklären, was ich damit meine.

* * *

Auf den Ruf Gottes hören: das Priesteramt

Im letzten Jahr der High School erhielt ich ein Stipendium für das Studium an der Universität von South Carolina. Für mich bedeutete dies eine große Ehre, und da das Geld bei uns zu Hause knapp war, wußte ich, daß es der einzige Weg war, zu einer guten Ausbildung zu kommen. Es war ein bewegender Gedanke, als erster unserer Familie studieren zu können.

Ich beschloß, den Einführungskurs in Medizin zu besuchen. Mir schien es etwas Edles, den Arztberuf anzustreben; denn so würde ich Menschen helfen können und hätte gleichzeitig die Mittel für ein gesichertes Leben. Aber Gott hatte andere Pläne mit mir.

Im Sommer nach dem Anfängerkurs freundete ich mich mit einigen jungen Priestern meiner Heimatgemeinde an. Mit großem Eifer widmeten sie sich mir, und beiläufig fragten sie mich, ob ich je daran gedacht hätte, Priester zu werden. Als ich ihnen antwortete, daß ich Arzt werden wolle, gingen sie die Sache von einer anderen Seite an. Sie machten mir deutlich, daß mein Interesse am Arztberuf darauf hinweise, daß ich Menschen helfen und mich anderen zuwenden wolle. Dann erklärten sie mir, daß ich doch auch als Priester Menschen helfen könne.

Sorgfältig wog ich alles ab, was diese jungen Priester mir gesagt hatten; denn ich schätzte sie. Und umgehend beschloß ich, ins Seminar einzutreten. Meine Mutter war natürlich besorgt, ob meine Entscheidung nicht doch etwas übereilt wäre. Sie gab mir zu bedenken, daß es riskant wäre, das Stipendium auszuschlagen; wenn das Seminar doch nicht das Richtige für mich wäre, hätte ich nichts mehr in der Hand. Ich beschloß trotzdem, ins

Seminar einzutreten. Gott rief mich, und ich mußte auf ihn hören.

So nahm ich das Studium auf, zunächst am Saint-Mary's-College in Kentucky, dann im Saint-Mary's-Seminar in Baltimore und am Theologischen College der katholischen amerikanischen Universität in Washington. 1952 wurde ich in der St.-Joseph-Kirche in Columbia/South Carolina für die Diözese Charleston zum Priester geweiht. In den 14 Jahren in dieser Diözese habe ich unter vier verschiedenen Bischöfen viele Aufgaben innegehabt. Hin und wieder mußte ich schmunzeln, wenn mir bewußt wurde, daß es stimmte, was jene jungen Priester über das Priesteramt gesagt hatten: Durch meine Arbeit *war* ich in der Lage, Menschen zu helfen.

1966 wurde ich von Papst Paul VI. zum Weihbischof von Atlanta ernannt. Damit war ich der jüngste Bischof des Landes. Zwei Jahre später wurde ich zum Generalsekretär der nationalen katholischen Bischofskonferenz und der Katholischen Konferenz der Vereinigten Staaten gewählt und zog nach Washington. Während dieser Jahre wuchsen meine Zuständigkeiten und Aufgaben stetig an. Ich merkte, daß ich immer tiefer in die Verwaltungsarbeit hineingeriet, die zwar wichtig ist für die Kirche, mich aber in gewisser Weise vom täglichen Leben und den Anliegen der meisten Menschen fernhielt. 1972 berief mich Papst Paul VI. zum Erzbischof von Cincinnati. Ich diente der Erdiözese von Ohio mehr als zehn Jahre; in diese Zeit fiel auch meine Wahl zum Vorsitzenden der nationalen katholischen Bischofskonferenz und der Katholischen Konferenz der Vereinigten Staaten (1974 – 1977). 1982 ernannte mich Papst Johannes Paul II. zum Erzbischof von Chicago. Sechs Monate später wurde ich ins Kardinalskollegium aufgenommen.

Die vergangenen 14 Jahre in Chicago waren die produktivsten und segensreichsten Jahre meines Lebens. Hier begann ich erstmals, auf die Notwendigkeit einer konsequenten Ethik des Lebens hinzuweisen. Hier habe ich mit den nahezu 1.800 Priestern gearbeitet, die sich zusammen mit mir den 2,3 Millionen Katholiken in der Erzdiözese widmen. Die Diözese umfaßt 3.650 Quadratkilometer; zu ihr gehören 48 High Schools, 281 Grundschulen, 6 Colleges bzw. Universitäten, 19 Krankenhäuser und 3 erzbischöfliche Seminare.

Als Priester bin ich gerufen, ein Werkzeug des Willens Gottes, seiner persönlichen Liebe und Beziehung zu allen Menschen zu sein. Das war mir während meiner ganzen Amtszeit bewußt. Die grundsätzliche Bestimmung und die wesentlichen Merkmale des Priesteramtes ändern sich nicht. Und weil das mein Leben prägt, sagen mir die Leute, daß ich immer noch derselbe bin wie vor 40 Jahren. In der ersten Zeit war ich wohl unbedarfter und naiver; die Welt änderte sich damals nicht so schnell wie heutzutage. In der Kirche vor dem Zweiten Vatikanischen Konzil war praktisch alles einheitlich geregelt, und in gewisser Weise waren wir Priester mit unserer Rolle mehr vertraut – oder zumindest mit dem, was die Leute von uns erwarteten. Doch trotz aller Veränderungen seit den 60er Jahren würden die meisten, die mich näher kennen, darin übereinstimmen, daß ich mich eigentlich nicht geändert habe. Ich habe mich immer um die Menschen gekümmert. Ich habe immer versucht, Menschen zu versöhnen. Ich habe versucht, Werkzeug der heilenden Liebe Gottes zu sein.

Dennoch habe ich nie deutlicher als jetzt verstanden, was es heißt, Priester zu sein. Die Menschen schauen auf die Priester; sie wünschen sich authentische Zeugen des Wirkens Gottes in der Welt, Zeugen seiner Liebe. Sie wollen nicht, daß wir wie Politiker oder Manager agieren. Die oft banalen Konflikte in den Gemeinden oder in der Diözese interessieren nicht. Vielmehr möchten die Leute, daß wir an ihren Freuden und Sorgen teilhaben. Ich verstehe, daß das Organisatorische wichtig ist; als menschliche Institution braucht die Kirche ein gewisses Maß an Verwaltung. Aber Strukturen können ein solches Eigenleben entwickeln, daß sie unsere eigentliche Arbeit als Priester, das Dasein für die Menschen, in den Hintergrund drängen.

Nie habe ich mich mehr als Priester gefühlt als im vergangenen Jahr. Nach meiner ersten Chemotherapie und den Bestrahlungen sagte ich meinen Beratern, in meinem Dienst hätte jetzt etwas anderes Priorität: Zeit zu verbringen mit den Kranken und Bedrängten. So wichtig unsere sonstige Arbeit sein mag: die Menschen erwarten etwas anderes vom Klerus. Auch wenn sie keiner Religion angehören, haben Männer und Frauen überall den tiefen Wunsch nach einer Begegnung mit dem Transzendenten. Und Geistliche können den Menschen durch die Güte, die sie ihnen entgegenbringen, den Zugang dazu erleichtern. Wovon die Menschen von Natur aus am stärksten angezogen werden und woran sie sich am meisten erinnern, sind die kleinen Zeichen der Anteilnahme und Aufmerksamkeit. Noch nach Jahren erzählen sie *davon*, wenn sie auf ihre Pfarrer und Seelsorger zu sprechen kommen.

„Inoffizieller Kaplan" der Krebskranken

Was als Besuch bei anderen Patienten, die mit mir auf derselben Station im Loyola Medical Center lagen, begann, hat sich seitdem zu einem wunderschönen, Leben schenkenden Dienst entfaltet. Als ich am 19. Juni 1995 aus dem Krankenhaus entlassen wurde, nahm ich alle, die ich dort kennengelernt hatte, in meinem Herzen mit. In mancherlei Hinsicht war es bewegender Tag, vor allem aufgrund der Liebe und Unterstützung, die mir von Leuten aus Chicago und aller Welt zuteil wurde. Wie gewöhnlich warteten Journalisten vor dem Krankenhaus auf mich. Ich wollte gerne selbst laufen, aber im Krankenhaus gibt es die Regel, daß jeder, der einen Eingriff hatte, mit dem Rollstuhl bis zur Tür fahren muß. Auf den meisten Fotos von diesem Tag bin ich im Rollstuhl abgebildet, auch wenn ich, sobald ich die Pforte passiert hatte, aufstand und herumlief. Allerdings muß ich sagen, daß ich an diesem Montag nicht so kräftig war wie in der Woche zuvor, doch schlecht ging es mir nicht.

Die nachoperative Krebsbehandlung begann erst am 10. Juli, so daß ich drei Wochen Zeit hatte, wieder zu Kräften zu gelangen. Daß·ich ausgerechnet am 10. Juli mit der Behandlung beginnen sollte, hatte für mich eine besondere Bedeutung, denn es war der 13. Jahrestag meiner Ernennung zum Erzbischof von Chicago. Der Tag der Ernennung war ein Tag des Vertrauens und der Hoffnung gewesen – für mich und, so glaube ich, auch für die Menschen der Erzdiözese. Im gleichen Geist des Vertrauens und der Hoffnung unterzog ich mich nun der Krebsnachbehandlung.

In meiner Freizeit begann ich wieder, in unserem Stadtviertel spazierenzugehen. Das hatte ich immer schon sehr genossen. Anfangs ging ich nur um ein, zwei Blöcke. Am Ende schaffte ich wieder meine alte Route von meinem Wohnsitz bis zum Chicago River und zurück: über vier Kilometer. Doch das ging nicht von heute auf morgen; ich mußte es langsam und vorsichtig angehen lassen.

Während der Zeit, in der ich mich auf meine Behandlungen vorbereitete, erhielt ich Briefe, Faxe und Telefonanrufe mit Worten des Beistandes und der Ermutigung. Krebspatienten und andere, die von einer schweren Krankheit betroffen waren, ließen mich wissen, daß sie für mich beteten; umgekehrt baten sie um mein Gebet für sie.

Bald war ich damit beschäftigt, Leute, deren Namen ich von Freunden und anderen erhalten hatte und die Rat und geistliche Führung suchten, anzurufen oder ihnen Briefe zu schreiben. Es dauerte nicht lange, bis die Medien davon erfuhren und darüber berichteten, und damit nahm mein Dienst an Krebspatienten größere Dimensionen an. Ich bildete mir wahrlich nichts darauf ein, aber ich mußte zur Kenntnis nehmen, daß ich unterderhand zum „inoffiziellen Kaplan" der Krebskranken geworden war. Mir lag viel daran, daß die Menschen spürten, daß sie zu mir kommen konnten. Und für mich war es immer wieder ein wertvoller Anstoß zu erleben, wie tapfer und mit welch tiefem Glauben andere ähnliche Kämpfe mit dem Krebs durchstanden.

Eine besondere Gemeinschaft

Seit ich Priester bin, habe ich mich ernsthaft bemüht, meiner Aufgabe gemäß anderen Menschen Mitgefühl und Verständnis entgegenzubringen und Zeugnis vom Glauben abzulegen. Zugleich bin ich selbst Teil der menschlichen Gemeinschaft; ich bin ein Bruder. Doch als „Diener Gottes" fühle ich mich viel freier, mich in viele verschiedene Gemeinschaften mit ihren jeweiligen Charakteristiken hineinzubegeben und meine Solidarität mit der viel größeren menschlichen Gemeinschaft zu bekunden.

Im Licht meines Dienstes an Krebskranken habe ich die besondere, einzigartige Natur einer weiteren Gemeinschaft erkannt, zu der ich jetzt selbst gehöre: die Gemeinschaft derer, die unter Krebs oder anderen schweren Krankheiten leiden. Wer zu dieser Gemeinschaft gehört, sieht die Dinge anders. Das Leben bekommt einen neuen Sinn, und plötzlich wird es leichter, das Wesentliche vom Unwesentlichen zu unterscheiden. Wie in jeder Gemeinschaft ist es auch hier wichtig, die andern am eigenen Leben teilhaben zu lassen, Verbindungen herzustellen und verstanden zu werden.

Immer wieder wurde ich von Ehrfurcht ergriffen, wenn Menschen, die unter lebensbedrohlichen Krankheiten litten, mir von ihrem Leben erzählten. Ihre tiefe Menschlichkeit und Weisheit haben mir viel gegeben. In der Vergangenheit rang ich, wie die meisten von uns, oft darum, was ich Leuten sagen sollte, die leiden. Seit man bei mir Krebs diagnostiziert hat, gehen mir die Worte leichter über die Lippen, und es gelingt mir besser zu verstehen, wann es darauf ankommt, zuzuhören oder jemandem auch nur meine Hand zu reichen.

Während meiner Krankheit habe ich das, was ich selbst über die Entwicklung meines Gesundheitszustands erfuhr, stets weitergegeben. Meine Familie, das sind die Menschen der Erzdiözese Chicago – und Menschen aus allen Teilen der USA und der Welt. Diese Familie hat ein Recht darauf zu wissen, wie es mir geht.

Oft hat man mir gesagt, daß ich mutig sei. Von meinem Entschluß, offen und ehrlich über meine Krebserkrankung zu sprechen, ist eine Botschaft ausgegangen: Wenn wir krank sind, brauchen wir uns nicht zu verschließen, müssen wir uns nicht von den andern fernhalten. Denn gerade in solchen Zeiten sind wir am meisten auf andere angewiesen.

In den Medien und von einzelnen wurde ich manchmal als „heiligmäßiger" Mann bezeichnet. Dabei ist mir gar nicht wohl. Ich habe versucht, mein Leben offen und ehrlich, in tiefer Hingabe an den Herrn, an die Kirche und an die menschliche Gemeinschaft zu leben. Die letzten drei Jahre haben mich wie nie zuvor herausgefordert, an meinem Glauben und Vertrauen auf den Herrn festzuhalten. Entscheidend war für mich, meinen Glauben in die Tat umzusetzen und entsprechend den Prinzipien, die mich leiten, zu leben. Vor allem möchte ich die Menschen wissen lassen, daß ich als ihr Bruder und Freund ihr Weggefährte bin.

Die Entscheidung, mit meiner Krebserkrankung in aller Öffentlichkeit zu leben, sollte eine einfache Botschaft vermitteln: die Botschaft, daß der Glaube *wirklich* eine Rolle spielt. Im Herrn verankert und in der Offenheit für seinen Willen bin ich fähig geworden, meine Krankheit anzunehmen – und jetzt meinen bevorstehenden Tod. Was die Leute in der Zeitung oder im Fernsehen gesehen haben, war nicht ein Mensch, der tapfer oder mutig sein will. Was sie sehen, ist ein Mensch, der an Gott glaubt und dessen Glaube alles, was er tut, beseelt. Leiden und Schmerz haben für mich wenig Sinn ohne Gott, und mein Herz schlägt für die Menschen, die sich in ihrer größten Not verlassen und allein fühlen. Als ein Mann des Glaubens kann ich über Schmerz und Leid nur aus der Perspektive ihres erlösenden und heilbringenden Charakters sprechen. Das heißt freilich nicht, daß ich nicht wie Jesus darum gebetet hätte, daß „dieser Kelch an mir vorübergeht". Aber dadurch, daß ich den Schmerz angenommen, ihn angeschaut und über ihn hinausgesehen habe, habe ich Gottes Gegenwart selbst in den schlimmsten Situationen gefunden.

In die Tat umsetzen, was ich predige

Schon vor der Operation baten mich viele Menschen, ihnen meine Gedanken mitzuteilen. Ich sagte: „Seit 43 Jahren bin ich Priester, davon 29 Jahre Bischof. Ich habe den anderen immer gesagt, daß sie sich in die Hände des Herrn geben sollen. Ich habe vielen Menschen einen Rat gegeben, die das durchlebten, was ich nun selbst erlebe. Jetzt ist es an der Zeit, in die Tat umzusetzen, was ich predige." Während dieser Zeit betete ich zu Gott um die Gnade, die Operation und die anschließende Behandlung gläubig, ohne Bitterkeit und übermäßige Ängstlichkeit annehmen zu können. Gott hat es mir geschenkt, schwierige Situationen annehmen zu können, vor allem die falsche Anklage und dann die Diagnose Krebs. Sein besonderes Geschenk an mich ist das Geschenk des Friedens. Mein besonderes Geschenk an die anderen soll darin bestehen, diesen Frieden Gottes mit ihnen zu teilen und ihnen zu helfen, mit ihrer Krankheit und den schweren Zeiten, die sie durchleben, klarzukommen.

Wenn ich über den inneren Frieden spreche, hoffe ich, daß die Menschen erkennen, daß Gebet und Glauben weit mehr sind als bloße Worte. Gott hilft uns auch in den schlimmsten Zeiten, in Fülle zu leben. Und die Fähigkeit dazu erhalten wir durch eine immer tiefere Beziehung zu Gott im Gebet.

Exkurs: Die Bedeutung des Gebets

Vor vielen Jahren ging mir auf, daß nichts daran vorbeiführen würde, morgens früh aufzustehen, wenn ich Gott die beste Zeit des Tages geben wollte (in Klammern muß ich hinzufügen, daß ich keine große Lust verspürte, so früh aufzustehen; gewöhnlich tat ich alles, um so lange wie möglich im Bett bleiben zu können!). Die ersten Morgenstunden, bevor die Telefone oder die Haustürklingel läuteten und die Post kam, schienen am besten geeignet, um mir für Gott Zeit zu nehmen. Ich versprach Gott und mir, die erste Stunde eines jeden Tages dem Gebet zu widmen. Damals wußte ich nicht, ob ich diesem Versprechen treu bleiben würde, aber heute kann ich mit Freuden feststellen, daß ich es über 20 Jahre lang gehalten habe. Das heißt nicht, daß ich gelernt hätte, auf vollkommene Art zu beten. Es heißt auch nicht, daß ich nicht genauso darum hätte ringen müssen wie andere. Ganz im Gegenteil! Aber schon am Anfang traf ich eine Entscheidung; ich sagte: „Herr, ich weiß, daß ich einen Großteil dieser Morgenstunde mit Wachträumen und dem Lösen von Problemen verbringe, und ich bin mir nicht sicher, ob ich das einfach abstellen kann. Ich versuche es, aber das Wichtigste ist, daß ich diese Zeit niemand anderem widme. Auch wenn mich das nicht so stark mit dir verbindet, wie es möglich wäre, will ich diese Zeit doch keinem anderen schenken."

Im Lauf der Zeit habe ich bemerkt, daß die Wirkung dieser ersten Stunde nicht mit dieser Stunde aufhört. Gewiß bringt sie mich am Anfang des Tages Gott näher, doch sie bewirkt auch, daß ich den ganzen Tag mit ihm verbunden bleibe. Oft, wenn ich mit irgendwelchen Angelegenheiten – erfreulichen wie weniger erfreulichen – beschäftigt bin, denke ich an meine Beziehung zu Gott und bitte ihn um seine Hilfe. Das sind zumindest für mich zwei wichtige Aspekte: erstens, die Gott vorbehaltene Zeit keinem anderen zu schenken, selbst dann nicht, wenn es einem nicht gelingt, sie gut zu nutzen; entscheidend ist es, treu zu bleiben. Und zweitens: dadurch, daß man sich diese Zeit nimmt, langsam, aber sicher im ganzen Leben Gott näherzukommen – und dies ist wesentlich.

Was tue ich während meines Morgengebets? Ich bete einen Teil des Stundengebets. Für mich ist das ein sehr wichtiges Gebet. Es ist ein Gebet der Kirche, und ich weiß mich mit allen Menschen, vor allem dem Klerus und den Ordensleuten, die in aller Welt das Stundengebet beten, verbunden. Das gibt mir das Gefühl, ja die tiefe Überzeugung, daß ich Teil von etwas Größerem bin. Ein Großteil des Stundengebets besteht aus dem Beten der Psalmen. Ich habe die Psalmen als etwas ganz Besonderes entdeckt, weil sie sich unmittelbar und auf so menschliche Weise auf die Freuden und Sorgen des Lebens, die Tugenden und die Sünden beziehen. Sie enthalten die Botschaft, daß das Gute schließlich siegen wird. Zu sehen, wie die Menschen, die in den Psalmen erwähnt werden, schon vor Tausenden von Jahren um die Beziehung zu Gott gerungen haben, gibt großen Mut.

Außerdem bete ich den Rosenkranz, denn er führt mir in lebendigen Bildern wichtige Momente aus dem Leben und Wirken des Herrn und seiner Mutter vor Augen. Das ist eine echte Hilfe. Manche mögen einwenden, daß dieses Gebet eine ständige Wiederholung sei, und in gewisser Weise stimmt das auch. Aber es richtet die Aufmerksamkeit auf die Geheimnisse im Leben des Herrn: die freudenreichen, schmerzhaften und glorreichen Geheimnisse.

Sodann verbringe ich einen Teil meiner Zeit im mentalen Gebet, in der Reflexion. Ich versuche dies so weit wie möglich durch die Betrachtung biblischer und anderer guter geistlicher Texte zu bereichern. Es hat mich, wie ich schon erwähnte, ein wenig überrascht, daß ich während der Zeit der Rekonvaleszenz unmittelbar nach der Operation weder den Wunsch verspürte noch die Kraft hatte zu beten. Genau in der Zeit sagte ich zu Freunden: „Setzt alles daran, daß ihr betet, solange es euch gut geht. Wenn ihr wirklich krank seid, werdet ihr es vielleicht nicht können." Aber diese Schwierigkeit hat meinen Glauben an Gott in keiner Weise beeinträchtigt. Ich habe bemerkt, daß diese Erfahrung für manchen kranken Leidensgenossen sehr wertvoll war. Manchmal denken sie, daß ihr Glaube schwindet, wenn sie nicht in der Lage sind, so inständig zu beten, wie sie es vielleicht zuvor getan haben. Auf ein Wort will ich nochmals zurückkommen: mit Gott *verbunden bleiben*. Ohne das Gebet können wir nicht mit dem Herrn in Verbindung treten und vereint bleiben. Das Gebet ist wesentlich und unabdingbar.

Zuerst Priester, dann Patient

Bevor ich am 19. Juni 1995 aus dem Krankenhaus entlassen wurde, stellte man mich meiner Radiologin, Dr. Anne R. McCall, und meiner Onkologin, Dr. Ellen Gaynor, vor, mit der ich seither freundschaftlich verbunden bin. Sie teilten mir mit, daß die postoperative Behandlung am 10. Juli beginnen sollte. Über sechs Wochen bekäme ich täglich Bestrahlungen – außer am Wochenende. Gleichzeitig würde ich alle zwei Wochen chemotherapeutische Spritzen zur Unterstützung der Bestrahlungstherapie erhalten. Die Ärzte erklärten mir, daß sich Nebeneffekte wie Müdigkeit und Verdauungsprobleme einstellen könnten, daß ich jedoch keine äußeren Nebenwirkungen wie z. B. Haarausfall zu befürchten hätte. Scherzend erwiderte ich, daß ich sowieso nicht mehr viele Haare zu verlieren hätte, woraufhin sie lächelten und mir versicherten, daß ich mich um nichts sorgen solle.

Die Behandlung an sich dauerte jedesmal nur zehn Minuten, aber jeder Krankenhausbesuch zog sich immer über fünf Stunden hin. Ich nutzte die Gelegenheit, Leute zu besuchen und mit ihnen und ihren Angehörigen zu beten. Eines Tages sagte einer der Ärzte zu mir: „Herr Kardinal, wenn Sie möchten, können Sie den Hintereingang zu dieser Abteilung nehmen. Dann können sie in aller Stille kommen und gehen." Ich hielt einen Moment inne und lehnte dann das Angebot mit der Bemerkung ab: „Ich bin zuerst Priester, dann Patient."

Eine Begebenheit aus dieser Zeit habe ich in vielen Predigten und Ansprachen der vergangenen Monate erzählt. Es lohnt sich, sie hier zu erwähnen.

Während der Bestrahlungstherapie lernte ich eine Frau namens Lottie kennen, die die gleiche Therapie wie ich erhielt. Sie war sehr krank. Wir hörten etwa zur gleichen Zeit, Anfang August, mit der Behandlung auf. Den ganzen Monat blieb ich in Kontakt mit ihr und merkte, wie sich ihr Zustand verschlechterte. Am Tag vor dem *Labor Day* [erster Montag im September] rief mich ihre Tochter Chris an und sagte: „Herr Kardinal, meiner Mutter geht es immer schlechter. Ich glaube nicht, daß sie noch lange zu leben hat." Ich antwortete sofort, daß ich Lottie, die mit ihrem Mann bei der Tochter wohnte, aufsuchen würde.

Als ich eintraf, sagte Chris: „Meine Mutter hat ständig Krämpfe; sie hat große Angst und ist nur halb bei Bewußtsein." Ich ging hinein, um mit Lottie zu sprechen. Ich weiß nicht, ob sie mich überhaupt erkannte, aber ich sprach zu ihr und spendete ihr die Krankensalbung. Als ich aus dem Zimmer kam, meinte Chris: „Wissen Sie, ich glaube, ein Problem ist, daß mein Vater ihr ununterbrochen sagt: ‚Lottie, du darfst nicht sterben, ich brauche dich.' " Sie bat mich: „Würden Sie mit meinem Vater reden?"

Ich sprach mit Lotties Ehemann und sagte ihm, daß jetzt vielleicht die Zeit gekommen sei, seine Frau „loszulassen". Chris rief mich abends an und erzählte mir, ihr Vater sei gleich nach meinem Besuch ins Schlafzimmer gegangen, und sie habe gehört, wie er sagte: „Lottie, es ist gut für dich, jetzt zu gehen." Darauf sei ihre Mutter sofort ruhig geworden. Zwei Tage später ist sie im Frieden gestorben.

Neue Herausforderungen

Nach Beginn der Behandlung traten Komplikationen auf, die mir später noch sehr zu schaffen gemacht haben. Als ich einmal mit Pater Velo spazieren ging, sagte ich: „Ken, meine Beine fühlen sich so komisch an." „Wie denn?" fragte er. „Also", erklärte ich, „du kennst das doch, wenn du Fieber hast. Dann hast du das Gefühl, daß dir deine Arme und Beine nicht gehören. Genauso fühlen sich meine Beine an. Es muß an der Bestrahlung oder an der Chemo liegen."

Ich fragte die Ärzte im Loyola Center: „Ist das Problem mit den Beinen eine Nebenwirkung der Bestrahlung oder der Chemo?" „Nein", erwiderten sie, „Sie dürften keine Schwierigkeiten mit den Beinen haben." Aber es wurde immer schlimmer.

Im November 1995 fiel ich das erste Mal hin, weil die Beine mich nicht mehr trugen. Ich war gerade im Seminar von Mundelein, und bei dem Sturz – dem ersten von vielen – brach ich mir einen Wirbel. Ende Januar fiel ich auf den Treppenstufen in meiner Wohnung. In den nächsten sechs bis acht Monaten brach ich mir vier Wirbel und vier Rippen; das war sehr schmerzhaft. Die Ärzte stellten fest, daß ich neben der Spinalkanalstenose auch Osteoporose und eine Rückgratverkrümmung hatte. Ich wurde zehn Zentimeter kleiner! Meine Kardinalsrobe mußte gekürzt werden ...

Trotz der anhaltenden Schmerzen im Rücken und in den Beinen ging es im Spätsommer 1995 mit der Krebsnachbehandlung gut voran, und ich war guter Dinge.

Ein Ereignis aus dieser Zeit, an das ich mich besonders gern erinnere, war das große Finale von „Theology-on-Tap", dessen Gastgeber ich wieder sein konnte. Es handelt sich um eine vierwöchige Vortragsreihe für junge Erwachsene der Erzdiözese Chicago und der Diözese Joliet. Das Programm gibt es schon seit 14 Jahren. Jedes Jahr kommen tausende von jungen Leuten zusammen, um Vorträge zu hören und miteinander über verschiedenste Aspekte des Glaubens zu sprechen. Am Ende der vier Wochen versammeln sich alle auf der Wiese vor meiner Residenz, um zu essen und zu trinken, Musik zu machen und Spaß zu haben. Ich hatte immer gern mitgemacht, doch in diesem Jahr konnte ich mir nicht vorstellen, daß ich in die Begeisterung würde einstimmen können. Aber es klappte doch! Alle begrüßten mich mit einer solchen Liebe und machten mir soviel Mut, daß ich nicht umhin konnte, unentwegt zu lächeln. Ein Mann rief aus: „Ich hoffe, es geht Ihnen so gut, wie Sie aussehen!" Normalerweise hätte ich ehrlich geantwortet, daß es mir nicht gut ging. An diesem Tag jedoch fühlte ich mich tatsächlich rundherum gut.

Als Mitte August die Bestrahlungen und die Chemotherapie beendet waren, hatte ich einen Monat frei. Mitte September begann ich mit einem „Stabilisierungsprogramm": einer wöchentlichen chemotherapeutischen Injektion von 5-Fluoracil, das bei Bauchspeicheldrüsenkrebs eingesetzt wird. Die Nebenwirkungen der Injektionen, die ich zu Hause bekam, waren erträglich. Diese Behandlung sollte über zwei Jahre fortgesetzt werden.

„Ein Zeichen der Hoffnung":
Mein Hirtenbrief zum Gesundheitswesen

Die Auseinandersetzung mit meinem eigenen Krebs und die Zeit, die ich mit anderen Krebspatienten verbrachte, haben mein Engagement für eine gute, für alle erschwingliche Gesundheitsfürsorge verstärkt. Als ich am 19. Juni 1995 aus dem Loyola University Medical Center entlassen wurde, machte ich meinen Ärzten die größten Komplimente, die wohl ein Patient einem Mediziner machen kann. Ich gestand ihnen, am meisten hätte mich beeindruckt, daß sie allen Patienten mit dem gleichen Respekt und Verständnis begegneten. Daß ich gut behandelt würde, hatte ich erwartet; doch ich konnte feststellen, daß *alle* so behandelt wurden. Hautfarbe, Rasse, Geschlecht, die wirtschaftliche Situation und der gesellschaftliche Status spielten keine Rolle. Ich sagte meinen Ärzten und dem ganzen medizinischen Personal, sie könnten stolz auf die großartige Behandlung ihrer Patienten sein.

Im Oktober 1995 schrieb ich einen Hirtenbrief über das Gesundheitswesen mit dem Titel „Ein Zeichen der Hoffnung". Vier Monate waren seit meiner Operation vergangen. Das Thema lag mir sehr am Herzen. Ich entschied mich, einen persönlich gehaltenen Brief voranzustellen, und ich denke, daß es sich lohnt, ihn zu veröffentlichen.

„Während meines ganzen bischöflichen Dienstes, vor allem in den vergangenen zwei Jahren, habe ich beträchtliche Zeit und Energie darauf verwendet, das katholische Gesundheitswesen in den Blick zu nehmen. Als letztes Jahr die Gesundheitsreform Gegenstand der öffentlichen politischen Debatte wurde, habe ich mehrere Beiträge zur Diskussion geliefert; zum Beispiel wies ich darauf hin, wie wichtig der Non-profit-Status der katholischen Einrichtungen im Gesundheitswesen sei. Bei meinem Engagement habe ich immer wieder zum Ausdruck gebracht, wie sehr ich den hingebungsvollen Dienst schätze, den Ordensfrauen und -männer wie auch Laien, die mit ihnen zusammenarbeiten, auf diesem Gebiet geleistet haben und leisten.

Vor einigen Monaten beschloß ich, diesen Hirtenbrief über das katholische Gesundheitswesen zu schreiben, um einige meiner Anliegen zu verdeutlichen und Richtlinien für diesen Dienst in der Erzdiözese Chicago zu geben. Doch bevor ich das in Angriff nehmen konnte, wurde bei mir Bauchspeicheldrüsenkrebs diagnostiziert. Nach dem Eingriff im Loyola University Medical Center in Maywook/Illinois und einer kurzen Zeit der Rekonvaleszenz mußte ich mich einer sechswöchigen Bestrahlungs- und Chemotherapie unterziehen.

Jetzt komme ich auf mein Vorhaben zurück – nicht nur als Bischof, der immer ein Interesse an der Gesundheitsfürsorge hat und sich ihr mit Hingabe widmet, sondern auch als Krebspatient, der von einer kompetenten, liebevollen Fürsorge nach dem Vorbild Jesu, des Heilands, profitiert hat.

Als ich im letzten Juni ins Loyola University Medical Center kam, wurde mein Leben durch eine gänzlich unerwartete Mitteilung völlig auf den Kopf gestellt: Mein, wie ich gedacht hatte, gesunder Körper beherbergte in Wahrheit einen gefährlichen, aggressiven Tumor. Die Zeit seit der Diagnose, der Operation und der anschließenden Bestrahlung und Chemotherapie hat mir auf dem lebenslangen Weg des Glaubens eine neue Dimension eröffnet. Am eigenen Leib erfuhr ich, wie sehr eine ernste Erkrankung das Leben eines Menschen durcheinanderbringt. Ich mußte viele Dinge loslassen, die mir Sicherheit und Zufriedenheit gegeben hatten, um das Heilmittel finden zu können, das nur der Glaube an Gott geben kann.

Anfangs schien es, als ob die Flutwellen mich zu überwältigen drohten. Zum ersten Mal im Leben mußte ich dem Tod wirklich ins Auge schauen. Für einen kurzen Moment waren alle meine persönlichen Träume und pastoralen Pläne für die Zukunft auf Eis gelegt. Ich mußte mein eigenes Leben und meinen pastoralen Dienst aus einer neuen Perspektive betrachten. Anfangs fühlte ich mich orientierungslos und isoliert; ich hatte den Eindruck, nicht mehr ‚zu Hause' zu sein.

Doch statt bei der Mitteilung, daß ich Krebs habe, wie gelähmt stehenzubleiben, begann ich, mich auf den Eingriff und die postoperative Behandlung vorzubereiten. Ich besprach meine Situation mit Familienmitgliedern und Freunden. Wie nie zuvor betete ich um den Mut und die Gnade, allem ins Auge zu sehen, was mich erwartete. Ich wollte alle Schmerzen, die ich ertragen müßte, für die Kirche, vor allem die Erzdiözese Chicago, aufopfern. Es schien mir ein Segen des Himmels zu sein, daß mein Verstand, mein Herz und meine Seele von Frieden erfüllt waren, einem besonderen Frieden, der mich ganz erfaßte und den ich nie zuvor erfahren hatte. Auf ganz neue Art begann ich daran zu glauben, daß der Herr mit mir sein wird auf meinem Weg durch die Krankheit, die meine Lebensweise gewiß verändern würde.

Und doch schienen mir die Nächte während meiner Rekonvaleszenz besonders lang; verschiedene Ängste stiegen in mir auf. Manchmal mußte ich weinen, was ich selten zuvor getan hatte. Deutlich trat mir vor Augen, wieviel von dem, was uns tagtäglich in Anspruch nimmt, trivial und unbedeutend ist. In diesen dunklen Momenten hielten mich der Glaube und das Vertrauen auf den Herrn – und die Gewißheit, daß tausende Menschen in unserer Erzdiözese, ja in der ganzen Welt für mich beteten. Die überreiche Liebe und der Beistand, mit denen man mich beehrte, haben mich zutiefst erfahren lassen, daß das kirchliche Leben in einer ‚Gemeinschaft der Hoffnung´ besteht.

Eine besondere Solidarität empfand ich mit den Mitmenschen, die sich mit einer lebensbedrohlichen Krankheit konfrontiert sehen. Ich habe mit anderen Krebspatienten, die mit mir im selben Raum auf die Bestrahlung oder Chemotherapie warteten, gesprochen und gebetet. Hunderte von Menschen nahmen Kontakt mit mir auf und baten um Rat und Gebet für Familienangehörige oder Freunde, die an einer schweren Krankheit, oft Krebs, litten.

Die Erfahrung der vergangenen vier Monate hat die Ausgestaltung dieser pastoralen Reflexion zur katholischen Gesundheitsfürsorge stark geprägt. Ich bin gewiß, daß die Gedanken über meine Krankheit wie über Stand und Zukunft des Gesundheitswesens in kirchlicher Trägerschaft hilfreich und interessant sein können – für Menschen, die selbst mit einer Krankheit ringen, wie für die, die in unserer von rasanten sozialen, wirtschaftlichen und politischen Wandlungen geprägten Welt dafür kämpfen, daß die medizinische Versorgung und die Dienste im Gesundheitswesen gesichert sind."

Briefe von anderen Krebspatienten

Ich bin mit vielen Kranken und anderen, die für kranke Freunde und Verwandte beten, in Kontakt gekommen. So habe ich eine Liste mit den Namen aller aufgestellt, für die ich beten wollte. Anfangs war meine Gebetsliste noch kurz genug, um bei der täglichen Messe jeden Namen einzeln zu nennen. Jetzt, da sie immer länger geworden ist, ist das nicht mehr möglich. Auf der Liste stehen inzwischen mehr als 700 Namen! Ich mache es jetzt so, daß ich die Gebetsliste in der Hand halte, wenn ich zu Gott für alle bete, die unter Krebs oder anderen schweren Krankheiten leiden.

Viele der Briefe, die ich erhalten habe, sind mir regelrecht ans Herz gewachsen. Sie sagen mehr über den Dienst, den ich als Krebspatient an anderen ausüben konnte, als ich es je vermocht hätte, und gerne möchte ich Sie an einigen Briefen teilhaben lassen.

31. Juli 1996

Lieber Herr Kardinal Bernardin!

Hallo, ich heiße Irene Compra. Ich bin 8 Jahre alt. Ich gehe in die St.-Matthew's-Schule und bin in der 3. Klasse. Bitte beten Sie für meine Tante, sie hat Krebs. Und auch für meinen Onkel, er hat auch Krebs.

Danke,
Irene

Lieber Herr Kardinal Bernardin,

meine Großmutter, Marion Spencer, hatte das Glück, letztes Jahr bei einem Brunch neben Ihnen sitzen zu dürfen. Sie erzählte von der Unterhaltung mit Ihnen, und wochenlang strahlte sie wie der Sonnenschein. Der Glaube an Gott und die Liebe für ihre Familie sind für sie das Wichtigste im Leben.

Letzten Samstag, als wir unser jährliches Familienpicknick beendeten, hatte Großmutter einen Schlaganfall. Sie liegt jetzt im Palos-Community-Hospital in Palos Hills. Wenn Sie bei Ihrem vollen Terminkalender in der Nähe sein sollten, bin ich mir sicher, daß es ihr gut täte, Sie wiederzusehen!

Danke.

Joe Spencer

Lieber Herr Kardinal Bernardin,

vor neun Monaten schrieb ich Ihnen mit der Bitte, für meinen siebenjährigen krebskranken Sohn zu beten. Ich möchte Ihnen noch einmal für Ihr Gebet danken und mitteilen, daß es ihm gut geht. Er ist ein glücklicher, lebhafter Junge.

Jetzt ist mehr als ein Jahr vergangen, seit die bösartigen Lymphknoten entfernt wurden, und offenbar gibt es keine Anzeichen von Krebs. Wir beten weiter darum, daß er nie mehr zurückkehrt. Auch unsere Familie betet täglich für Sie. Wir sind sehr zuversichtlich, daß unsere Gebete erhört werden.

Herzlichst,

Teri Ellis

13. September 1996

Eminenz,

Sie müssen mit Bitten um ein Gebet in besonderer Meinung geradezu überschwemmt werden. Auch ich habe ein solches Anliegen. Meine Frau Ann, die 44 Jahre alt ist, wurde am 8. Dezember 1995 im Loyola Center an Dickdarmkrebs operiert. Sie hat eine sechsmonatige Chemotherapie hinter sich; die Prognosen sind eher gut. Sie ist sechsfache Mutter von Kindern im Alter von vier bis sechzehn Jahren. Außerdem pflegt sie wie eine Krankenschwester und Betreuerin unseren 13jährigen Sohn Martin, der vor zehn Jahren ein schweres Hirntrauma erlitten hat und seither ganz auf andere angewiesen ist. Sie ist in jeder Weise eine liebevolle und fürsorgliche Ehefrau und Mutter. Für mich ist es ein Segen, daß ich seit 17 Jahren mit ihr verheiratet bin. Ich bitte um Ihr Gebet für sie und Martin. – Mit vielen anderen habe ich seit Jahren Ihre Prüfungen persönlicher Art und in der Seelsorge mitverfolgt. Ich bewundere und schätze es sehr, wie Sie dies alles im Glauben durchstehen, und so erlaube ich mir, um Ihre Fürbitte beim Herrn zu bitten.

Als Landwirt nehme ich die Jahreszeiten bewußt wahr – notgedrungen, doch es ist auch ein Geschenk. Ich weiß, Herr Kardinal, daß Ihre Erntezeit nahe ist. Möge Gott Ihnen den Mut, der aus dem Glauben erwächst, gewähren, wie die heilige Therese sagte: „Betrachten wir unser Leben als das, was es ist: ein Durchgang zur Ewigkeit."

Ich danke Ihnen für Ihre kostbare Zeit.
Hochachtungsvoll,
James Hermes

Lieber hochgeschätzter Vater,

im Juni dieses Jahres erfuhr ich, daß ich Prostatakrebs habe. Damit begann eine harte Zeit mit unzähligen Untersuchungen bei vielen Ärzten, um herauszufinden, was man tun kann. In den folgenden Monaten wuchsen meine Befürchtungen und Ängste an, während meine Frau und ich unschlüssig waren, welche Behandlung wir wählen sollten. Am 31. August, dem Tag nach Ihrer traurigen Bekanntgabe, daß Sie Krebs im Endstadium hätten, wohnten meine Frau und ich der Feier der Krankensalbung bei, die Sie im Gottesdienst in St. Barbara hielten.

Ich spürte eine besondere Verwandtschaft mit Ihnen, als Sie darüber sprachen, was Sie unmittelbar nach der Diagnose des Bauchspeicheldrüsenkrebses empfanden. Es hat mich tief bewegt, als Sie so ausdrucksstark von dem Frieden sprachen, den Sie jetzt im Herzen haben, und ich sagte zu meiner Frau: „Ich wünsche mir so sehr, daß Kardinal Bernardin mich segnet."

Irgendwie fand ich einen Weg zum Mittelgang, und man gab mir ein Zeichen, daß ich mich in eine der kürzeren Reihen stellen solle. Sogleich legte mir ein Priester die Hände auf, doch statt in der gleichen Reihe zu bleiben, wandte ich mich Ihnen zu, als Sie mit der Segnung eines anderen Bittstellers fertig waren. Als ich neben Ihnen stand, blickten Sie mich an, als ob Sie sagen wollten: „Wo kommen Sie denn her?"

„Verzeihung, Vater", sagte ich, „vor kurzem hat man bei mir Prostatakrebs diagnostiziert, und heute bin ich hergekommen in der Hoffnung, daß Sie mir die Krankensalbung spenden würden."

Sie hielten kurz inne, lächelten und sagten: „Und so soll es sein."

Ich habe mich von meiner katholischen Erziehung abgewandt und kann nicht sagen, ob ich wieder zur Kirche zurückkehre. Aber ich möchte Ihnen mitteilen, daß mich ein großer innerer Friede erfüllte, als Sie meine Handfläche mit dem heiligen Öl berührten, dann meine Hand voller Mitgefühl drückten und sagten: „Ich werde für Sie beten."

Ich bin immer noch starr vor Schreck, wenn ich an das denke, was vor mir liegt. Morgen fahren meine Frau und ich in die Mayo-Klinik in Scottsdale. Dort soll ich auf die Möglichkeit eines recht umstrittenen Verfahrens getestet werden, bei dem unter anderem eine radioaktive Substanz in die Prostata eingeführt wird. Auch bei diesem neuen Schritt bleiben Sie für mich eine Quelle der Ermutigung, nicht nur aufgrund der großen Würde, mit der Sie Ihre Krankheit leben, sondern auch aufgrund des Mitgefühls, der Demut und der Güte, die Sie während Ihres Lebens beständig bezeugt haben.

Ich bete auch für Sie, während Sie dem, was Sie als größte Herausforderung Ihres Lebens bezeichnen, ins Gesicht schauen.

Möge Gott mit Ihnen sein auf Ihrem Weg.
Jack McGuire

Lieber Herr Kardinal Bernardin,

es ist wahrscheinlich etwas dreist, Sie überhaupt anzuschreiben, aber wir möchten Ihnen mitteilen, wie sehr Sie unser Leben berührt haben.

Anfang Mai dieses Jahres wurde meinem Mann mitgeteilt, daß man ihm eine falsche Diagnose gestellt hatte: Die Rückenschmerzen rührten nicht vom 36jährigen Lastwagenfahren her (60 bis 80 Stunden die Woche!), sondern von einem bösartigen Tumor in der Bauchspeicheldrüse und im Gallengang. Rex war und ist, ehrlich gesagt, erschrocken und voller Angst.

Mehr oder weniger unter Schock ging ich zur ewigen Anbetung, um eine Stunde zu beten. Im *Liguorian* stieß ich auf einen Artikel über Ihren Krebs. Am nächsten Morgen erwähnte ich den Artikel gegenüber meinem Bruder Pat. Er führte eine Reihe von Telefonaten mit verschiedenen Stellen, von der Erzdiözese von Cincinnati bis zur Sekretärin Ihrer Arztpraxis. Am selben Abend rief Ihr Arzt meinen Bruder an. Das hat uns sehr überrascht. Er schlug uns vor, Dr. Josef E. Fischer vom University-Hospital in Cincinnati anzurufen. Wir bekamen einen Termin – eigentlich ein Ding der Unmöglichkeit –, und nach einigem Rätselraten und Verwundern darüber, wer wir denn wohl seien, änderte Dr. Fischer seinen Terminplan, um Rex eingehend untersuchen zu können.

Wir wollten Ihnen auf jeden Fall mitteilen, daß wir während der ganzen Zeit im Krankenhaus, während der Chemotherapien und der kritischen Momente auf der Notfallstation Rex immer wieder zuflüsterten: „Denk daran, Rex, du kennst Joe." In dem Artikel hatte ich gelesen, daß Ihre Freunde Sie Joe nennen, und für uns sind Sie, auch wenn wir Sie nie getroffen haben, ein Freund.

Die Aussichten für Rex sind schlecht, und er ist sehr schwach. Er hat viel an Gewicht verloren und ist immer noch verängstigt. Wir versuchen einfach, einen Tag nach dem anderen zu leben. Die Ärzte haben ihm mitgeteilt, daß seine Tage gezählt sind, aber mein Mann, mit dem ich nun 36 Jahre verheiratet bin, sagt, daß sie das nicht in der Hand haben.

Bitte beten Sie für uns. Danke, daß Sie „unser Freund Joe" sind. Ich denke an Sie in meinen täglichen Gebeten, vor allem im Gebet zum heiligen Peregrinus und zum heiligen Michael.

In Liebe und Hochachtung,
Rex und Emily Weeks

Sich mit dem Tod anfreunden

„Kommt zu mir alle, die ihr schwere Lasten zu tragen habt"

Am 31. August 1996, dem Tag nach meiner öffentlichen Bekanntgabe, daß der Krebs auf die Leber übergegriffen habe und nicht mehr zu operieren sei, war ich Hauptzelebrant einer gemeinschaftlichen Krankensalbung in der St.-Barbara-Kirche in Brookfield, Illinois. Ich sagte meinen kranken Leidensgenossen, daß wir im Fall einer schweren Erkrankung (oder irgendeiner ernsthaften Schwierigkeit) verschiedene Schritte tun sollten – Schritte, die mir persönlich inneren Frieden geschenkt haben.

Das erste ist, uns selbst *völlig* in die Hände des Herrn zu geben. Wir dürfen glauben, daß der Herr uns liebt, daß er uns in seine Arme nimmt und uns nie verläßt (vor allem nicht in unseren schwierigsten Momenten). Das gibt uns Hoffnung inmitten des Leidens und der Verwirrung, die das Leben mit sich bringt. Es ist ja derselbe Herr, der uns einlädt: „Kommt alle zu mir, die ihr euch plagt und schwere Lasten zu tragen habt. Ich werde euch Ruhe verschaffen. Nehmt mein Joch auf euch und lernt von mir; denn ich bin gütig und von Herzen demütig; so werdet ihr Ruhe finden für eure Seele. Denn mein Joch drückt nicht, und meine Last ist leicht" (Mt 11,28-30).

Das ist eine meiner Lieblingsstellen – und vielleicht auch eine der Ihren. Sie ist so tröstlich und ermutigend. Vielleicht klingt es auch zu schön, um wahr zu sein. In der Tat zeigen tiefergehende Reflexionen, daß die Botschaft Jesu ein bißchen komplexer ist, als es auf den ersten Blick scheint.

Ist da nicht zum Beispiel eine Spannung zwischen der „Ruhe", die Jesus anbietet, und dem „Joch", das er uns zu tragen einlädt? Was meinte Jesus mit seinem „Joch"? Die Rabbis von damals pflegten das mosaische Gesetz als eine Art Joch zu betrachten. Aber die Metapher wird bei Jesus anders gebraucht; denn er selbst ist die Mitte der Weisheit und des Gesetzes. Er lebte, was er predigte. Er war gut zu den Menschen, denen er diente, und demütig im Gehorsam gegenüber dem Willen des Vaters. Er trug uns auf, einander zu lieben, und gab sein Leben für uns hin. Die „Ruhe", die er uns anbietet, erfahren wir, wenn wir jeden Tag seine Einstellungen und Werte, seine Sendung und seinen Dienst, seine Bereitschaft, das eigene Leben hinzugeben, übernehmen und leben – in welcher Situation wir uns auch befinden.

Was macht das Joch Jesu „leicht"? Ein gutes Joch ist sorgfältig hergestellt, damit man sich so wenig wie möglich wundreibt. Jesus verspricht, daß sein Joch gut und sanft zu unseren Schultern ist und daß es uns hilft, unsere Last leichter zu tragen. Das meint er, wenn er sagt, seine Last sei „leicht". An sich kann sie ganz schön schwer sein, aber wir werden merken, daß wir uns unseren Aufgaben stellen können. Und zwar deshalb, weil Jesus uns helfen wird. Normalerweise verbindet ein Joch zwei Ochsen zu einem „Team". Es ist, als ob Jesus uns sagen würde: „Geh mit mir. Lerne von mir, die Lasten zu tragen; schau, wie ich es mache. Wenn du zuläßt, daß ich dir helfe, wird die schwere Last leichter scheinen."

Vielleicht ist die letzte Last der Tod selbst. Oft geht ihm Schmerz und Leid voraus, manchmal extreme Bedrängnis. In meinem Fall ist es vor allem eine alles beherrschende Müdigkeit, die täglich zuzunehmen scheint und mich zwingt, Tag und Nacht viel zu liegen. Aber beachten wir, daß Jesus nicht versprochen hat, uns unsere Lasten abzunehmen. Er hat uns versprochen, sie tragen zu helfen. Und wenn wir uns loslassen – uns selbst und unsere Reserven – und dem Herrn erlauben uns zu helfen, werden wir fähig, den Tod nicht als Feind oder als Bedrohung zu sehen, sondern als einen Freund.

* * *

Besuch von einem alten Freund

Ein bedeutsames Ereignis war letztes Jahr im Juli der Besuch von Pater Henri Nouwen, mit dem ich seit über 25 Jahren freundschaftlich verbunden war. Er war zu einer Konferenz in unsere Erzdiözese gekommen und fragte, ob er mich besuchen könne. Ich antwortete: „Auf jeden Fall." Wir waren mehr als eine Stunde zusammen. Er hatte mir eines seiner letzten Bücher mitgebracht: *„Unser größtes Geschenk. Eine Reflexion über das Sterben und die Sterbebegleitung"*. Wir sprachen über das Buch; am meisten erinnere mich an das, was er über die Wichtigkeit, auf den Tod als Freund und nicht als Feind zu schauen, sagte. Aus dem Glauben heraus hatte ich immer diese Sicht geteilt, doch mußte ich in diesem Augenblick daran erinnert werden, weil ich von der Bestrahlungstherapie ziemlich erschöpft war. „Es ist ganz einfach", sagte er, „wenn du Angst und Furcht spürst und mit einem Freund darüber sprichst, nehmen diese Ängste ab und können sogar ganz verschwinden. Wenn du sie als Feind ansiehst, nimmst du eine ablehnende Haltung ein und versuchst, so weit wie möglich davon wegzukommen." Er fuhr fort: „Gläubige Menschen, die daran glauben, daß der Tod der Übergang von diesem Leben zum ewigen ist, sollten ihn als einen Freund sehen."

Dieses Gespräch war für mich eine große Hilfe. Ich habe dadurch manche Ängste vor dem Tod verloren. Als Pater Nouwen am 21. September dieses Jahres mit 59 Jahren plötzlich an Herzversagen starb, waren alle schockiert. Aber es besteht kein Zweifel, daß er vorbereitet war. Er hat sein Leben lang andere gelehrt, wie man lebt und wie man stirbt.

Der Krebs kehrt zurück

Seit 24 Jahren hängt über meinem Bett ein schön geschnitztes Kruzifix aus Elfenbein auf hölzernem Grund. Es hat mich immer an Jesu Tod und Auferstehung erinnert. Aber wenn ich morgens aufwache, sehe ich das Kruzifix für gewöhnlich nicht; denn es hängt über dem Kopfende, so daß ich mich bewußt umdrehen muß, um es sehen zu können.

Der Schatten des Kreuzes fällt auf das Leben eines jeden Menschen, auch wenn wir normalerweise nicht jeden Tag daran denken. So war es jedenfalls für mich – bis Ende August dieses Jahres. Seitdem ist das Kreuz mein ständiger Begleiter geworden, eine Erinnerung an die näherrückende Begegnung mit meinem neuen Freund, dem Tod, der mich heim zu Gott führen wird.

Anfang August 1996 hatte ich trotz der ständigen Schmerzen im Rücken und in den Beinen einen recht vollen Terminkalender. Wenn meine Freunde fragten, ob ich so aktiv sein müsse, erwiderte ich, daß mein Rücken immer weh täte, ob ich sitze, stehe oder gehe. Der Schmerz war der gleiche – in Chicago, in Washington wie in Rom. Manchmal sagte ich scherzend, daß ein Bischof einen klaren Kopf und ein gütiges Herz brauche, aber nicht notwendigerweise einen gesunden Rücken. Am 5. August veröffentlichte unser Informationsbüro die Nachricht, daß ich krebsfrei sei und mich auf eine Rückenmarksoperation vorbereite, die für Mitte September geplant sei. Die Ärzte sagten mir, die beste Vorbereitung auf den Eingriff sei ein normales Tagespensum mit möglichst viel Ruhe. Ich hatte ein Gespräch mit dem Chirurgen, der mir in Aussicht stellte, daß die

Operation mich von den Schmerzen, die ich seit neun Monaten hatte, weitgehend, wenn nicht ganz befreien würde.

In den ersten Augusttagen bereitete ich mich auf eine für den 12. August anberaumte Pressekonferenz vor, in der ich eine Initiative vorstellte, die nach zweijähriger Planung Wirklichkeit wurde: das *Catholic Common Ground Project*. Als Hauptverantwortlicher freute ich mich auf dieses Forum, das Katholiken die Möglichkeit geben soll, sich kreativ und gewissenhaft den Fragen zuzuwenden, an denen sich entscheidet, ob die Kirche in den USA an der Schwelle des nächsten Jahrtausends lebendig ist. Auf allen Ebenen, so spürte ich, würde es darauf ankommen, daß wir das Mißtrauen, die Polarisierung und die festgefahrenen Positionen hinter uns lassen, all das, was einer Antwort auf die wichtigen Fragen im Weg steht.

Die Ankündigung dieser Initiative wurde überwiegend mit spontaner Zustimmung aufgenommen. Eine Fülle persönlicher Briefe erreichten mich und das *National Pastoral Life Center* in New York, das die Mitarbeiter für das Projekt stellt. Priester und andere Gemeindemitglieder sagten ihre Unterstützung zu und brachten Ideen ein. Einzelne sorgten sich aber offenbar, hier werde ein weiteres Forum für Grabenkämpfe geschaffen, andere fürchteten, kirchliche Lehren könnten preisgegeben werden. Ich bereitete daraufhin ein Schreiben in Form eines Frage-und-Antwort-Schemas vor, unter anderem, um die Gewißheit zu geben, daß sich das *Catholic Common Ground Project* nicht von der authentischen katholischen Lehre entfernen werde.

Am Dienstag, 27. August, traf ich mich mit dem Diözesanrat. In meinem monatlichen Bericht teilte ich den Anwesenden mit, daß man bei mir in der vergangenen Woche eine Reihe von Blutuntersuchungen durchgeführt hatte. Die Tests hatten ergeben, daß keine Anzeichen von Krebs vorhanden waren. Ich fügte hinzu, daß ich mich am nächsten Tag zu einer Kernspintomographie ins Loyola Medical Center begeben würde, der letzten Vergewisserung, ob ich mich am 16. September dem Eingriff an der Wirbelsäule unterziehen könnte.

Ich berichtete auch von einer gemeinschaftlichen Krankensalbung, die ich am Samstag zuvor in der St.-John-Brébeuf-Kirche in Niles/Illinois als Hauptzelebrant gefeiert hatte. Es war die erste von dreien dieser Art, die im Rahmen meines Dienstes an Krebspatienten und anderen Schwerkranken in meinem Terminkalender standen. Dann sprach ich mit dem Diözesanrat über die Möglichkeit, in nächster Zeit eine vierte Feier in der St.-Agatha-Kirche zu halten. Ich erzählte, wie bewegend es war, als die Kranken und Älteren, auch sterbenskranke Menschen nach vorne kamen, damit ihnen die Hände aufgelegt und sie mit dem Krankenöl gesalbt würden. Als Krebspatient bin auch ich gesalbt worden. Dieses Sakrament in Gemeinschaft mit so vielen Mitgliedern der Ortskirche zu erhalten, war für mich und für sie eine bewegende Erfahrung.

Nun war ich also mehr als 15 Monate seit dem Eingriff krebsfrei. Ich hatte es angenommen, als die Ärzte mir seinerzeit meine Aussichten so klar dargelegt hatten: Mit einer Wahrscheinlichkeit von eins zu vier hätte ich noch fünf Jahre zu leben. Die Ergebnisse der regelmäßigen Untersuchungen waren beständig negativ. Wie ich schon erwähnte, bestätigten auch die Bluttests mein Gefühl, daß sich mein Gesundheitszustand stabilisiert hatte. So ging ich am Mittwoch, den 28. August, voll Zuversicht ins Loyola Center zur Kernspintomographie.

Doch nach dieser Untersuchung zeigte mir der deprimierte Ausdruck auf dem Gesicht meiner hervorragenden Onkologin Dr. Ellen Gaynor sofort, daß etwas nicht in Ordnung war. „Wir müssen darüber sprechen", meinte sie. Sonst hatte sie immer gesagt: „Herr Kardinal, alles bestens!" Einige Minuten später teilte sie mir mit, daß ich fünf Krebsgeschwulste in der Leber hätte; eine habe einen Durchmesser von fünf Zentimetern. Auf diesen Befund war ich in keiner Weise vorbereitet. Obwohl Dr. Gaynor mir immer wieder gesagt hatte, es sei verfrüht zu glauben, daß der Kampf gewonnen sei, hatte ich meine überschwengliche Hoffnung nicht unterdrücken können. An diesem Tag jedoch erfuhr ich, daß ich die tödlichen Keime des Krebses schon während dieser hoffnungsvollen Monate, in denen ich an eine Besserung geglaubt hatte, in mir getragen hatte.

Dr. Gaynor teilte mir weiterhin mit, daß ich noch höchstens ein Jahr zu leben hätte. Ich identifizierte mich sofort mit Jesus im Garten von Getsemane. In diesem Augenblick, am Abend vor seinem Leiden und Tod, in dem sich seine Sendung, die der Vater ihm anvertraut hatte, erfüllte, war Jesus sehr einsam – so wie ich.

Doch dieses Gefühl der Einsamkeit hielt nicht lange an. Um es ganz einfach auszudrücken: Ich bin im Herrn verwurzelt, und ich war mir bewußt, daß er mich nun bat, noch tiefer in das Geheimnis seines Todes und seiner Auferstehung einzudringen. Auch bin ich in der Kirche verwurzelt, der ich mehr als vier Jahrzehnte hindurch mein Leben und meinen Dienst gewidmet habe; in guten und in schlechten Zeiten hat sie mich durch ihre Bischöfe, Priester, Diakone, Ordensleute und Laien liebevoll getragen und gestärkt. Sogleich machte ich mir das Wort Jesu aus dem Johannesevangelium zu eigen: „Ich werde euch nicht als Waisen zurücklassen" (Joh 14,18). Mit Gottes Hilfe, so sagte ich mir, werde ich für die anderen so lange wie möglich Hirte bleiben.

Es dauerte noch eine gewisse Zeit, bis ich voll und ganz begriff, was Dr. Gaynors Mitteilung bedeutete. Am nächsten Tag kam ich mit meinem obersten Verwaltungsstab zusammen – Bischof Raymond Goedert, Pater Peter Bowman, Schwester Mary Brian Costello und Bruder Dennis Dunne. Ich setzte sie davon Kenntnis, daß der Krebs wiedergekommen sei und nicht mehr operiert werden könne; damit habe sich auch der Eingriff an der Wirbelsäule erübrigt, weil man eine solche Operation gewöhnlich nur dann macht, wenn die Lebensaussichten vielversprechender sind. Außerdem würde ein solcher Eingriff die neue Art von Chemotherapie verzögern, die Dr. Gaynor empfohlen hatte.

Anschließend ging ich in mein Büro im Seelsorgezentrum, um ein paar Briefe zu unterschreiben, mit einigen Mitarbeitern zu sprechen und eine Pressekonferenz für den nächsten Tag vorzubereiten.

Vor der Öffentlichkeit sterben

Am Freitag, 30. August, traf ich mich mit den Journalisten. Der Raum war so voll von Reportern und Fernsehkameras, daß man sich kaum bewegen konnte. Ich gab die jüngste Diagnose bekannt und teilte mit, daß meine voraussichtliche Lebenserwartung höchstens ein Jahr betrage. „Man hat mir versichert, daß ich noch ein wenig Zeit vor mir habe, in der ich etwas schaffen kann", sagte ich. „Ich bete darum, daß ich die mir verbleibende Zeit positiv nutzen kann, zum Wohl der Priester und aller Menschen, denen zu dienen ich berufen bin, wie auch zu meinem eigenen geistlichen Wohl." Ich fügte hinzu, daß ich im vergangenen Jahr den Krebspatienten, mit denen ich in Kontakt gewesen war, geraten hatte, sich ganz in die Hände des Herrn zu geben. „Ich selbst habe mich immer darum bemüht; doch jetzt habe ich es mit noch größerer Überzeugung und tieferem Vertrauen getan. Auch wenn ich weiß, daß ich – menschlich gesprochen – viele schwierige Momente durchzustehen haben werde, kann ich in aller Aufrichtigkeit sagen, daß ich im Frieden bin. Ich betrachte das als ein besonderes Geschenk Gottes, das er mir in diesem Augenblick meines Lebens macht." Ich ließ die anwesenden Reporter, Freunde und Mitarbeiter teilhaben an dem, was ich von Pater Nouwen gelernt hatte: den Tod als Freund zu betrachten, nicht als Feind. Ich sagte ihnen, daß ich der Erzdiözese wie in der Vergangenheit dienen und mein ausgefülltes Programm beibehalten wollte, solange es meine Kräfte erlaubten.

Dann wandte ich mich direkt an die Priester und alle Menschen der Erzdiözese: „Beten Sie, daß ich Ihnen und der ganzen Kirche weiterhin mit Verständnis, Mitgefühl und in Treue dienen kann. Geben wir durch unsere Solidarität, die gegenseitige Unterstützung und unser Vertrauen ein glaubwürdiges Zeugnis der Liebe Gottes zu uns allen."

Während meiner gesamten Amtszeit als Erzbischof von Chicago, vor allem während der vergangenen drei Jahre, hatte ich viele Kontakte zu den Medien. Deshalb richtete ich ein paar Worte an die Journalisten: „In den Jahren meines erzbischöflichen Dienstes in Chicago hatten wir auf beruflicher Ebene eine gute Beziehung zueinander – und das soll so bleiben. Jetzt bitte ich Sie, daß Sie mir persönlich beistehen. Was auch immer Ihre religiöse Überzeugung sein mag, bitte ich Sie, ein Gebet für mich zu sprechen. Ich werde meinerseits auch für Sie und Ihre Angehörigen beten."

Anschließend stellte mir ein Reporter die Frage, ob es irgend etwas besonderes gäbe, was ich in der mir verbleibenden Zeit noch erledigen wollte. Ehrlich gesagt hatte ich nicht viel Zeit gehabt, darüber nachzudenken, seit ich erfahren hatte, daß meine Krankheit im Endstadium ist. So antwortete ich zunächst, ich würde jeden Tag weiterarbeiten wie bisher, solange es meine Gesundheit mir erlaubte. Ich hatte nicht den Eindruck, daß ich in meinem bischöflichen Dienst etwas Besonderes tun sollte. Dann sagte ich, daß ich meine Verwandten in Norditalien gern ein letztes Mal besuchen würde. Schließlich kam mir doch die Antwort in den Sinn, auf die ich zunächst nicht gekommen war. Sie war so einfach, daß ich nicht in der Lage gewesen war, sie in Worte zu fassen. Ich sagte den Medienvertretern, das Wichtigste, was ich für die Menschen unserer Erzdiözese und alle Menschen guten Willens tun könne, sei wahrscheinlich die Art und Weise, wie ich mich auf den Tod vorbereite.

In den nächsten Tagen und Wochen nahm dieser Gedanke in meinem Leben langsam Gestalt an. Und dieses Buch ist ein wichtiger Bestandteil meiner Vorbereitung auf den Tod und meines Bemühens, anderen die Möglichkeit zu geben, an dieser Ehrfurcht gebietenden Erfahrung teilzuhaben.

Mein Dienst geht weiter

Wie ich schon in der einleitenden Meditation zu diesem Kapitel erwähnte, zelebrierte ich am nächsten Tag die zweite gemeinschaftliche Krankensalbung in der St.-Barbara-Kirche in Brookfield. Wie die Dinge sich verändert hatten! Auch ich wurde wieder gesalbt, diesmal als jemand, der sich auf den Tod vorbereitet. Es war eine außerordentlich tiefe geistliche Erfahrung für mich.

Da man mir gesagt hatte, daß mir noch ein wenig Zeit zum Schaffen bliebe, beschloß ich, meine seelsorgliche Arbeit so weit wie möglich beizubehalten. Wie gewöhnlich war der September ein recht voller Monat. Manchmal sprach ich an einem Tag auf zwei verschiedenen Veranstaltungen. Auch meinen Dienst an Krebspatienten setzte ich fort; jeden Abend führte ich Dutzende von Telefonaten und schrieb Grußworte zur Ermutigung meiner krebskranken Leidensgenossen.

Am 9. September, nur zehn Tage nach der Bekanntgabe, daß ich Krebs im Endstadium hätte, erhielt ich von Präsident Bill Clinton im Weißen Haus die Freiheitsmedaille. Mit großer Demut empfing ich die höchste Auszeichnung, die einem Bürger unseres Landes zuteil werden kann. Da man sich im Weißen Haus meiner physischen Verfassung bewußt war, ließ man die Zeremonie, bei der acht weiteren Personen die gleiche Ehrung zuteil wurde, liebenswürdigerweise mit meinem Besuch in Washington zusammenfallen; an der Georgetown-Universität hatte ich einen wichtigen Vortrag zu halten. Bei dieser Gelegenheit mußte ich viel laufen und war froh, daß ich meinen Spazierstock dabei hatte. Auf dem Rasen vor dem Weißen Haus gab ich mehrere Interviews. In meiner Ansprache in Georgetown, die gut ankam, wiederholte ich die Notwendigkeit einer konsequenten Ethik des Lebens und unterstrich die wichtige Rolle der Religion in unserer Gesellschaft (trotz der vielbeschworenen Trennung von Kirche und Staat in unserem Land). Kurz und gut, es war ein voller, ermüdender Tag – aber einer der denkwürdigsten meines Lebens.

Am 20. September war ich in Boston, um die Caritas-Christi-Medaille des „Katholischen Gesundheitsfürsorgesystems" der Erzdiözese Boston entgegenzunehmen. Ich war erfreut, auf diese Weise für meine Arbeit in diesem Bereich geehrt zu werden, doch unterwegs ging es mir gar nicht gut. Die neue Chemotherapie, die ich begonnen hatte, hatte viel mehr Nebenwirkungen als die früheren. Darüberhinaus wurde die Müdigkeit, die der Bauchspeicheldrüsenkrebs hervorrief, immer stärker.

Begegnung mit dem Heiligen Vater

Am 23. September flog ich nach Rom, um Papst Johannes Paul II. persönlich von meinem Gesundheitszustand in Kenntnis zu setzen. Ken Velo begleitete mich, aber ich bat die Medienvertreter, nicht mitzukommen. Ich hatte so viele Interviews gegeben, daß mir nichts mehr einfiel, was ich noch hätte sagen können! Und die Antworten auf Fragen nach meinem Besuch beim Heiligen Vater, die sie sicher gestellt hätten, wären zu persönlich und vertraulich gewesen. So verabredeten wir uns lediglich zu einem Fototermin bei der Villa Stritch, aber ich gab kein Interview. Das Wetter war wunderbar, und ich konnte mich etwas ausruhen. Wir wußten nicht genau, an welchem Tag und wo der Heilige Vater mich sehen wollte.

Schließlich trafen wir uns am Freitag, 27. September, in der päpstlichen Sommerresidenz in Castelgandolfo in den Albaner Bergen bei Rom. Am Ende der Audienz kam Msgr. Velo für einige Minuten dazu.

Wir hatten noch einen Tag zur Verfügung, so daß Ken und ich am Samstag, 28. September, nach Assisi fahren konnten. Dort feierten wir die Messe für alle Priester der Erzdiözese und nahmen ein köstliches Mittagessen mit einigen franziskanischen Brüdern ein. Bei der Meßfeier kam es zu einer amüsanten Szene. Da sonst keine Gläubigen anwesend waren, wollte ich die Fürbitten vor dem Offertorium auslassen. Doch Ken zog ein Stück Papier aus seiner Tasche hervor und sagte, er habe verschiedene Kategorien von Priestern aufgeschrieben, für die wir beten sollten: gebrechliche Priester und pensionierte, alkoholabhängige, junge und lebendige, mutlose, ausgegrenzte, talentierte, zweisprachige oder dreisprachige, in der Gemeindearbeit tätige, Priester mit besonderen Aufgaben, in Rassen- und ethnischen Konflikten tätige, verwirrte, solche im Dienst an anderen Priestern, neugeweihte, studierende, freigestellte, vom Amt entbundene, glückliche und zufriedene Priester. Am Ende seiner Rezitation lachte ich und merkte an, daß auch ich in einige seiner Kategorien hineinpasse.

Der Besuch in Assisi war eine der schönsten Erinnerungen der letzten Monate, seit ich wußte, daß ich Krebs im Endstadium habe.

Die Zukunft loslassen

Nachdem Ken und ich nach Chicago zurückgekehrt waren, machte ich mich wieder an meine seelsorgliche Arbeit. Doch ich merkte, daß es immer schwerer wurde, das Programm zu bewältigen. Ich verspürte den tiefen Wunsch, alles in meinem Leben in Ordnung zu bringen.

So vervollständigte ich mein Testament, erließ Verfügungen zur Aufteilung des mir verbliebenen Besitzes, bat meine engsten Mitarbeiter, meine und ihre Aktenordner zum Transport ins erzdiözesane Zentralarchiv fertigzumachen und traf einige grundlegende Entscheidungen für mein Begräbnis. Auch traf ich die notwendigen Vorkehrungen, damit meine Mutter nach meinem Tod weiter gut versorgt würde.

Im Gebet mit den Priestern

Am 7. Oktober beteten 800 Diözesan- und Ordenspriester mit mir in der Holy-Name-Cathedral. Auch wenn es niemand offen aussprach, sagten mir die vielen Tränen, daß es das letzte Mal sein würde, daß wir zu meinen Lebzeiten zusammenkamen. Ich mußte an den Abend zurückdenken, als wir das erste Mal zum Gebet in der Kathedrale versammelt gewesen waren – bei meiner Amtseinführung am 24. August 1982 –, und ich vermute, daß viele an diesen wunderbaren Moment dachten. Deshalb beschloß ich, den Schluß meiner damaligen Predigt zu wiederholen:

„Da unser Leben und unsere Ämter durch das Brechen des Brotes und den Segen des Kelches miteinander verschmolzen sind, hoffe ich, daß Sie, lange bevor mein

Name aus dem eucharistischen Hochgebet in das Schweigen des Todes fällt, genau wissen, wer ich bin. Sie werden mich kennenlernen beim gemeinsamen Arbeiten und Spielen, Fasten und Beten, Trauern und Lachen, Zweifeln und Hoffen, Streiten und Versöhnen. Sie werden mich als Freund, Mitbruder und Bischof kennenlernen. Sie werden auch merken, daß ich Sie gern habe. Denn ich bin Joseph, Ihr Bruder!"

Am Ende des Gottesdienstes hoben alle Priester die Hände und segneten mich, noch bevor ich sie segnen konnte. Ich glaube nicht, daß in diesem Augenblick auch nur ein Auge trocken blieb. Meine Augen jedenfalls waren randvoll gefüllt.

Meinen Dienst loslassen

Mitte Oktober wurde mir klar – wie mir auch mein Arzt bestätigte –, daß der Krebs sich schneller ausbreitete, als wir erwartet hatten. Man hatte mir gesagt, daß die Tumoren mancher Patienten, die die gleiche Chemotherapie wie ich erhielten, aufhörten zu wachsen oder kleiner wurden. Bei mir war das nicht der Fall. Deshalb und auch wegen der Nebenwirkungen entschied ich, die Chemotherapie abzubrechen. Das Tumorwachstum führte zu einer allgemeinen Müdigkeit, täglichem Fieber und Schmerzen in der Brust, die von dem Druck einiger Tumoren auf die Kapsel, die die Leber umgibt, herrührten. Kürzlich stellte Dr. Gaynor bei einem Besuch fest, daß ich keine Gelbsucht hätte, wie es oft vorkommt, wenn der Bauchspeicheldrüsenkrebs auf die Leber übergegriffen hat. Scherzend erwiderte ich ihr, daß ein bißchen Gelbsucht vielleicht nicht schlecht wäre. Denn da ich weiterhin recht gut aussah – vor allem im Fernsehen – nahmen viele Leute an, daß ich nicht so krank wäre, wie es tatsächlich der Fall war. Und so traten sie mit vielen Anfragen, ja sogar mit Forderungen an mich heran. Doch ich bin sicher, daß die meisten verstanden, warum ich auf ihre Anfragen nicht eingehen konnte, auch nicht auf die hartnäckigsten.

Für das Frühjahr 1997 hatten wir die erste Konferenz des *Catholic Common Ground Project* geplant. Als es immer offensichtlicher wurde, daß ich ihr nicht mehr würde beiwohnen können, vereinbarten wir ein Treffen des Komitees für den 24. Oktober in Chicago. Ursprünglich war geplant, daß ich den ganzen Tag dabei wäre, aber ich mußte meine Anwesenheit auf die Vormittagsveranstaltung und eine Ansprache am Abend beschränken. Vormittags übergab ich den Vorsitz der Gruppe meinem langjährigen Freund und Kollegen, Oscar Lipscomb, dem Erzbischof von Mobile. In meiner Rede am Abend sprach ich über Wesen, Bedeutung und Zukunft des *Catholic Common Ground Project.*

Anfang dieser Woche, am Dienstag, 29. Oktober, war ich aus einem besonderem Anlaß wieder im Loyola Medical Center: Das Zentrum wurde in Kardinal-Bernardin-Krebs-Zentrum umbenannt. Am 31. Mai, nahezu ein Jahr nach meinem Eingriff, war ich zu einer Pressekonferenz ins Krankenhaus eingeladen worden. Dort gaben Vertreter des Zentrums ihren Plan bekannt, das Krebszentrum mir zu Ehren umzubenennen. Seit seiner Eröffnung im Jahr 1994 ist dort vielen Menschen wie mir geholfen worden. Im Zuge der Neubenennung des Zentrums lancierte die Verwaltung eine Spendenaktion für eine 20-Millionen-Dollar-Stiftung zugunsten der Krebsforschung und klinischer Programme.

Meine Müdigkeit hielt mich davon ab, an diesem Dienstag allen Bitten nachzukommen. Immerhin konnte ich im neuen Gebäude dem anwesenden medizinischen Stab aus dem Stegreif einige Worte des Dankes sagen für die großartige, einfühlsame und kompetente Behandlung und Pflege, die sie mir hatten zuteil werden lassen. Ich segnete sie und war sehr bewegt, als dann alle Anwesenden ihre Hände und Stimmen erhoben, um mich zu segnen.

Ich sprach kurz zu einer Versammlung von Wohltätern des Zentrums, die zu einem besonderen Abendessen in einem Zelt vor dem Krebszentrum eingeladen waren. Doch dann zog ein mächtiges Gewitter auf, es blitzte und donnerte, mit 130 Stundenkilometern fegte der Wind über uns hinweg. Das Abendessen mußte verschoben werden, und die meisten Gäste gingen früh nach Hause. Wahrscheinlich war es mein letzter öffentlicher Auftritt in der Erzdiözese Chicago.

Das Kreuz vor Augen

Eine Kernspintomographie am nächsten Tag bestätigte, daß die Krebstumoren weiterhin wuchsen. Deshalb beschloß ich gestern, am 31. Oktober, meine öffentlichen Auftritte ab sofort drastisch zu reduzieren. Außerdem übergab ich die Verantwortung für die Alltagsgeschäfte der Erzdiözese meinem Generalvikar Bischof Raymond Goedert, der mit mir und Ken Velo zusammenwohnt. Dieser Schritt ist mir sehr schwer gefallen, aber er war ohne Frage notwendig und zum Besten der Erzdiözese. In meiner Predigt während meiner feierlichen Ordination zum siebten Erzbischof von Chicago hatte ich die zahlreichen Anwesenden (und die vielen Fernsehzuschauer) daran erinnert, daß Jesus, der Gute Hirt und mein Vorbild in meinem Dienst, „jemand ist, der sein Leben für die Seinen hingibt. Einige nehmen diesen Ruf wortwörtlich und vergießen ihr Blut als Märtyrer. Andere leben ihn, indem sie ihre Zeit, ihre Energie und sich selbst ganz denen schenken, denen zu dienen sie gerufen sind. Was immer die Zukunft für mich bereithalten mag, gelobe ich heute, als guter Hirt zu leben, der gerne sein Leben für Sie hingibt".

Es waren einfache, direkte Worte, und ich stand mit meinem ganzen Sein hinter dem, was ich sagte. Am Ende der damaligen Predigt fügte ich noch hinzu: „Wenn Gott mir die Kraft und die Gnade schenkt, werde ich vom Bischofssitz dieser Kathedrale aus für viele Jahre in Liebe der Kirche von Chicago vorstehen ... Gemeinsam werden wir die Schwelle des 3. Jahrtausends überschreiten – ein Meilenstein für die Zivilisation und die Christenheit. All die Jahre, die mir gegeben sind, schenke ich Ihnen. Ich biete Ihnen meinen Dienst, meine Führung, meine Energien, meine Talente, Herz und Verstand, meine Stärken und auch meine Grenzen an. Ich stelle mich Ihnen in Glaube, Hoffnung und Liebe zur Verfügung."

Ganz offensichtlich ist es nicht Gottes Wille, daß Sie und ich die Schwelle des 3. Jahrtausends gemeinsam überschreiten. Aber in den vergangenen 14 Jahren habe ich mich unserer Ortskirche, der Kirche der Vereinigten Staaten und der Weltkirche hingegeben. Ich habe die große Familie der Menschen in der Erzdiözese Chicago und andere darüber hinaus an meinem Leben teilhaben lassen. Am heutigen Tag, an dem ich noch den Lebensatem in mir spüre, schenke ich mich Ihnen in Glaube, Hoffnung und Liebe, aber auch im Leiden, im Sterben und im Frieden.

Das Geschenk
des Friedens

Am Ende dieses Buches bin ich erschöpft, aber auch froh: erschöpft, weil mich die Müdigkeit, die der Krebs hervorruft, niederdrückt; froh, weil ich ein Buch beendet habe, das für mich sehr wichtig ist.

Jetzt, da ich die letzten Worte niederschreibe, ist mein Herz voller Freude. Ich bin im Frieden.

Wir schreiben den 1. November, und der Herbst geht langsam in den Winter über. Bald werden die Bäume die lebhaften Farben ihrer Blätter verlieren, und Schnee wird den Boden bedecken. Die Erde wird eine Zeitlang ruhen, und die Menschen werden dick eingehüllt hierher und dorthin eilen und Schutz vor der Kälte suchen. Der Winter in Chicago ist rauh. Es ist eine Zeit des Sterbens.

Aber wir wissen, daß bald der Frühling kommt – mit neuem Leben und voller Wunder.

Es ist ziemlich klar, daß ich im Frühjahr nicht mehr leben werde. Aber ich werde bald auf eine andere Weise neues Leben erfahren. Auch wenn ich nicht weiß, was mich im anderen Leben erwartet, bin ich mir sicher, daß Gott, so wie er mich gerufen hat, ihm hier auf Erden mit all meinen Fähigkeiten zu dienen, mich jetzt heimruft.

Viele Menschen haben mich gebeten, ihnen vom Himmel und dem Leben nach dem Tod zu erzählen. Manchmal habe ich bei dieser Frage gelächelt, denn ich weiß nicht mehr als sie. Als mich jedoch ein junger Mann fragte, ob ich mich darauf freue, mit Gott und all jenen, die mir vorangegangen sind, vereint zu sein, zog ich eine Parallele zu einem Erlebnis, das ich weiter vorn in diesem Buch beschrieben habe. Als ich das erste Mal mit meiner Mutter und meiner Schwester in die elterliche Heimat nach Tonadico di Primiero in Norditalien reiste, hatte ich den Eindruck, schon einmal dort gewesen zu sein. Nach Jahren, in denen ich viel in Mutters Fotoalbum geblättert hatte, kannte ich die Berge, das Land, die Häuser und die Menschen. Als wir in dem Tal ankamen, sagte ich: „Mein Gott, ich kenne diesen Ort. Ich bin zu Hause." Irgendwie, glaube ich, wird der Übergang von diesem zum ewigen Leben ähnlich sein. Ich werde zu Hause sein.

Was ich gerne hinterlassen möchte, ist ein einfaches Gebet, in dem jeder von Ihnen finden möge, was ich gefunden habe – Gottes besonderes Geschenk an uns alle: das Geschenk des Friedens. Wenn wir im Frieden sind, finden wir die Freiheit, ganz wir selbst zu sein, sogar in den schlimmsten Zeiten. Wir lassen los, was unwichtig ist, und ergreifen, was wichtig ist. Wir machen uns leer, so daß Gott mehr in uns arbeiten kann. Und wir werden Werkzeuge in den Händen des Herrn.

Wie ich schon oft gesagt habe, müssen wir beten, wenn wir die Gemeinschaft mit dem Herrn suchen. Eines meiner Lieblingsgebete wird dem heiligen Franz von Assisi zugeschrieben. Lassen Sie uns damit abschließen, daß wir es gemeinsam sprechen:

Herr, mach mich
zu einem Werkzeug deines Friedens,
daß ich liebe, wo man haßt;
daß ich verzeihe, wo man beleidigt;
daß ich verbinde, wo Streit ist;
daß ich die Wahrheit sage, wo Irrtum ist;
daß ich Glauben bringe, wo Zweifel droht;
daß ich Hoffnung wecke, wo Verzweiflung quält;
daß ich Licht entzünde, wo Finsternis regiert;
daß ich Freude bringe, wo der Kummer wohnt.

Herr, laß mich trachten,
nicht, daß ich getröstet werde,
sondern daß ich tröste;
nicht, daß ich verstanden werde,
sondern daß ich verstehe;
nicht, daß ich geliebt werde,
sondern daß ich liebe.

Denn wer sich hingibt, der empfängt;
wer sich selbst vergißt, der findet;
wer verzeiht, dem wird verziehen;
und wer stirbt, der erwacht zum ewigen Leben.

Kardinal Bernardin
starb am 14. November 1996.